黑模式——颠覆式盈利
商业逻辑

林 灏 ◎编著

中国宇航出版社
·北京·

版权所有　侵权必究

图书在版编目（CIP）数据

黑模式：颠覆式盈利商业逻辑 ／ 林灏编著. -- 北京：中国宇航出版社，2023.9
ISBN 978-7-5159-2273-7

Ⅰ.①黑… Ⅱ.①林… Ⅲ.①企业管理－商业模式－研究 Ⅳ.①F272

中国版本图书馆CIP数据核字(2023)第155762号

责任编辑	田芳卿	封面设计	阔步春天

出版发行　中国宇航出版社

社　址　北京市阜成路8号　　邮　编　100830
　　　　（010）68768548
网　址　www.caphbook.com
经　销　新华书店
发行部　（010）68767386　　（010）68371900
　　　　（010）68767382　　（010）88100613（传真）
零售店　读者服务部
　　　　（010）68371105
承　印　天津画中画印刷有限公司
版　次　2023年9月第1版　2023年9月第1次印刷
规　格　710×1000　　开　本　1/16
印　张　12.25　　字　数　200千字
书　号　ISBN 978-7-5159-2273-7
定　价　68.00元

本书如有印装质量问题，可与发行部联系调换

前言

  现代企业发展所面临的风险与挑战持续增加，随着互联网的快速发展以及技术的更新迭代，现代市场经济快速发展成熟的同时，企业竞争方面的压力也在持续扩大。很多企业在经营中发现，同行业竞争对手数量变多了，想要获取新客户的难度加大了，企业的盈利空间变少了……但是，企业并非没有实现盈利能力突破的方法，只要企业突破传统经营模式中的常规思路，就可以打破利润增长的瓶颈，获得颠覆式的盈利方法，再次提高企业的盈利能力。本书要介绍的就是这样一种可以给企业带来颠覆式盈利变革的新型商业逻辑，这种企业经营模式，我们称之为"黑模式"。

  本书将从企业实际经营的角度出发，为读者提供企业经营的实战性知识，系统阐释企业盈利能力的分析方法，新背景下的企业模式设计方法，产品价格与企业利润之间的内在联系等商业知识，带领读者一起寻找企业颠覆式盈利的六种黑模式——巨型模式、价值链模式、渠道模式、产品模式、客户模式以及管理模式。在讲解商业知识的同时，本书也补充了大量典型的商业经营案例，深入浅出地帮助读者理解和掌握企业颠覆式盈利的商业"黑模式"。阅读本书之后，读者将会对提升企业盈利能力有全新的认识，本书对企业管理人员以及创业者的工作能力提升也会起到很大的帮助作用。

  本书编写过程中，获得了同行人员在资料方面的大力支持，参阅和借鉴了企业经营管理领域的相关著作和经典商业案例，他们为本书的编写提供了参考和宝贵经验，在此一并表示感谢。另外，受编者的水平和时间所限，书中出现疏漏之处在所难免，敬请海涵，在此感谢！

目录 CONTENTS

第一章 企业的盈利能力 ………………………………………………… 1

第一节 企业盈利能力的定义及意义 …………………………………… 1
第二节 企业盈利能力衡量指标 ………………………………………… 4
第三节 企业获得超额利润的五个方向 ………………………………… 8
第四节 波特五力模型与企业议价能力 ………………………………… 13
第五节 波士顿矩阵与企业业务分类 …………………………………… 18
第六节 经验曲线与低成本竞争 ………………………………………… 22

第二章 新背景下的企业模式设计 ……………………………………… 25

第一节 市占率是虚假的护城河 ………………………………………… 25
第二节 内卷与企业无利润区 …………………………………………… 30
第三节 新背景下的企业设计要素 ……………………………………… 32
第四节 以客户为中心创造利润 ………………………………………… 36
第五节 客户善变怎么办 ………………………………………………… 39
第六节 苹果公司的利润为何那么高 …………………………………… 42

第三章 价格与企业利润的关系 ………………………………………… 46

第一节 价格是调节企业利润最便捷的方式 …………………………… 46
第二节 先有产品定位，后有合理定价 ………………………………… 49
第三节 从成本出发的定价 ……………………………………………… 51
第四节 消费者心理与产品定价 ………………………………………… 54
第五节 市场竞争与产品定价 …………………………………………… 57
第六节 特斯拉的定价逻辑 ……………………………………………… 60

第四章　寻找企业颠覆式盈利的黑模式　63

第一节　模式思维的重要性　63

第二节　企业模式与行业领导力　66

第三节　创新模式与创新价值　69

第四节　创新模式与市场认同　72

第五节　创新模式与盈利能力两极分化　77

第六节　规模效应、马太效应与市场选择　80

第五章　黑模式1：巨型模式　84

第一节　为何会存在有规模无利润的现象　84

第二节　产品趋同与行业内卷　87

第三节　产品创新与利润复归　91

第四节　两极分化与中间陷落　94

第五节　重新定义行业标准　96

第六节　露露乐蒙与新消费品牌的重新定义　98

第六章　黑模式2：整合价值链　102

第一节　波特的价值链理论　102

第二节　行业价值链分拆　106

第三节　价值链压缩　109

第四节　强化价值链薄弱环节　112

第五节　价值链重新整合　115

第六节　造车新势力与汽车行业价值链整合　119

第七章　黑模式3：渠道变革　123

第一节　关于渠道作用的三点认识　123

第二节　渠道与产品、利润的关系　126

第三节　拓宽渠道　130

第四节　渠道集中与渠道压缩 ················· 133
第五节　直销模式与中间商再生 ················· 136
第六节　雪糕刺客、终端分成与渠道能力 ················· 139

第八章　黑模式4：产品创新 ················· 143

第一节　从产品到拳头产品 ················· 143
第二节　产品即品牌，产品即品类 ················· 147
第三节　从单一产品到周边产品 ················· 150
第四节　从单一产品到产品矩阵 ················· 152
第五节　从单一产品到整套解决方案 ················· 154
第六节　科技公司都喜欢打造"全家桶" ················· 157

第九章　黑模式5：客户价值的精细化满足 ················· 160

第一节　不可能从每个客户身上赚到同样的利润 ················· 160
第二节　RFM模型与客户分层 ················· 163
第三节　客户生命周期管理 ················· 166
第四节　微型分割与柔性满足 ················· 168
第五节　权力转移与重新定位 ················· 170
第六节　4S店为何总有那么多选配 ················· 173

第十章　黑模式6：从组织管理降成本 ················· 175

第一节　总成本领先才是优势 ················· 175
第二节　员工时间分配与企业利润 ················· 176
第三节　组织能力转移 ················· 178
第四节　组织管理与组织创新效率 ················· 179
第五节　数字化能力与企业降本增效 ················· 181
第六节　组织管理与美团在"千团大战"中的胜出 ················· 184

第一章 企业的盈利能力

如果要问对于一家企业来说,哪一项能力是最重要的,那么大多数人给出的答案都会是企业的盈利能力。对于企业来说,不论是运营能力还是营销能力,其最终目标都是提升企业的盈利能力。在本书开头,就从一家企业的盈利能力开始,分析在商业实战中可以帮助企业提高盈利的正确思路和方法。理解企业如何实现盈利,对于理解企业盈利的"黑模式"将起到重要的帮助作用。

第一节 企业盈利能力的定义及意义

在企业经营过程中,经营者最关心的就是企业盈利的问题,企业的经营和发展也都是围绕提高企业盈利来展开的。在进行企业盈利能力分析之前,需要对企业的盈利能力进行准确的定义,并且从多个角度为读者介绍分析企业盈利能力有哪些作用。

一、企业盈利能力的定义

"企业盈利能力",从字面意义上很容易理解,它指的是企业获取利润的能力。企业盈利能力反映的其实不仅仅是能够给企业带来多少盈利,还可以反映出很多更深层次的内涵。一家企业的盈利能力强,代表这家企业可以带给股东较高的投资回报,那么这家企业就具有较高的价值。一家企业的盈利能力越强,代表其在经营过程中可以带来越多的现金流量,那么这家企业就具有更强的偿债能力,这对于企业的发展来说是一项十分重要的能力(见图1-1)。

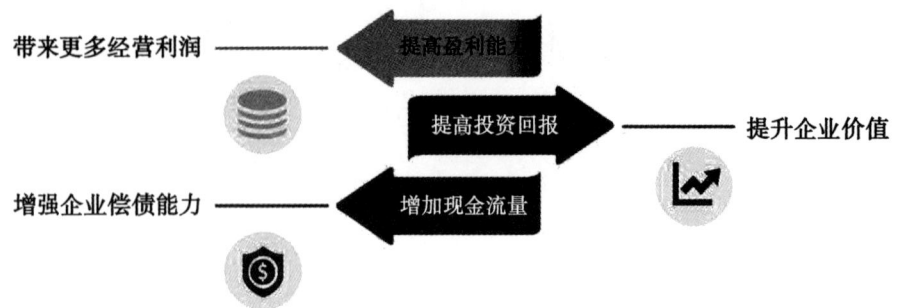

图 1-1　提高企业盈利能力的意义

下面举例说明一下企业盈利能力的重要性。比如现在有甲乙两家企业，同一年的销售收入都是 100 万元，净利润为 20 万元。仅凭上述信息，判断不出这两家企业谁的盈利能力强，但是如果对这两家企业的所有者权益信息进行进一步分析，就可以得出这两家公司盈利能力的比较结果了。比如，假设甲公司的总资产是 1000 万元，所有者权益是 200 万元；乙公司的总资产是 400 万元，所有者权益为 100 万元。由此可以计算出乙公司的实际盈利能力是高于甲公司的，因为乙公司的所有者权益可以带来 1∶0.2 的净利润，而甲公司的所有者权益只能带来 1∶0.1 的净利润。

由此可见，在进行企业盈利能力分析时，不能只是简单地考虑企业盈利的绝对值，还需要综合考虑一些相对值指标来进行辅助判断。所谓相对值指标，就是通过各种比率指标对企业的各方面信息进行评估的指标。能够反映企业盈利能力的相对值指标有很多，经常使用的指标有销售净利率、总资产报酬率以及净资产收益率等。通过指标计算，可以科学地分析一家企业的盈利能力，进而获取更多的企业信息。

二、分析企业盈利能力的意义

企业盈利能力，代表的是企业赚取利润的能力。正如大家所说，盈利能力是一家企业经营发展的核心问题，企业经营获取的利润是企业投资者也就是股东获取投资收益、债权人获取自己的利息和本金的资金来源，其地位十分关键。企业经营利润也代表着企业管理者的经营业绩，同时还可以为企业全体职工福利项目带来保障。从各个层面上讲，盈利对于企业的经营发展是极其重要的，企业的盈利能力分析也因此具有重要意义。

企业盈利能力属于相对性的概念。分析企业盈利能力，不能只看企业一段时间内获取利润的总值，还需要看企业获取利润相对于企业投入的资金的比值，也就是企业的利润率。利润率高低才能从真正意义上反映企业的盈利能力，企业的利润率越高，说明一定数量的投入能够带来越多的企业收益。在企业经营管理实战中，企业管理人员、债权人以及投资人，对于企业盈利能力都十分关心，他们关注企业利润率的变化，还会对企业利润率未来发展趋势进行分析和预测。

站在企业债权人的角度来看，只有企业获得了更多利润才可以偿还债务，尤其是企业所借的一些大额的、长期的债务，偿还这些债务与企业盈利能力的关系是十分密切的。如果企业盈利能力较强，则代表具有较强的能力来偿还企业债务。因此，企业债权人对于企业盈利能力的分析是十分关注的。在企业举债时，绝大多数债权人都会对企业偿债能力进行分析，以判断企业是否具有足够的偿债能力。

从企业投资人也就是股东的角度来看，一家企业的盈利能力对于他们来说更加重要，因为企业的盈利能力和他们的投资收益息息相关。众所周知，股东投资企业的目的就是为了获得更多利润，企业经营的所有环节都应该为这一目标服务。股东每年取得的股息就来源于企业每年赚取的利润，如果一家企业的盈利能力持续提升，还可以带动企业的股票价格上升，这样企业的股东们还可以获得更多的资本收益。因此，企业股东最关心的是企业每年能够赚取多少利润，以及赚取的利润和股东投入成本之间的比率，也就是说他们对于企业盈利能力的分析是十分关注的。

站在企业发展的角度来看，企业经营各种商业活动的目的都是为了更大限度地获取利润，因为这是让企业长期稳定经营发展的基础所在。只有在经营中持续不断地获得利润，企业才有源源不断的资金支持其持续发展。在同一行业的竞争中，盈利能力强的企业会比其他企业获取更多的行业资源，拥有更好的发展前景。进行盈利能力分析，可以帮助企业有效衡量其经营能力和管理能力，发现企业经营过程中可能存在的问题，解决这些问题可以成为企业提升经营能力的重要突破口。

具体来说，企业盈利能力分析能够带来的好处有以下两个方面（见图1-2）。

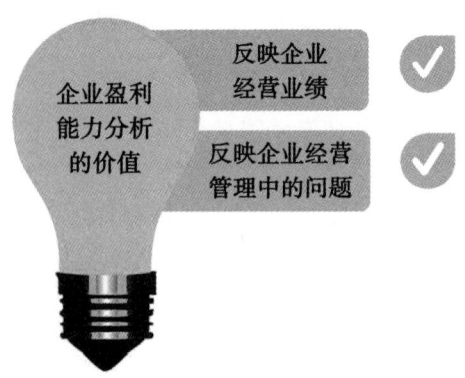

图 1-2　企业盈利能力分析的价值

1. 反映企业经营业绩

企业盈利能力等指标可以有效反映一家企业经营业绩的好坏，因为企业的经营都是以获得更多利润为主要追求目标的。通过企业各项盈利数据来判断企业的经营业绩，看企业的盈利能力是否达到了行业标准，在同行业企业中处于怎样的水平，这样就可以评价企业经营业绩的好坏了。

2. 反映企业经营管理中的问题

盈利能力分析还可以帮助发现企业经营管理中存在的各种问题。企业盈利能力可以在很大程度上反映企业经营活动的具体情况，对企业经营的好坏可以十分灵敏地反映出来。如果对一家企业的盈利能力进行深入的分析，那么就有很大机会发现企业经营管理中存在的重大问题，发现问题并及时选择合适的措施来解决问题，这对于提高企业的经营管理水平、提高企业的盈利能力都有很大的益处。

第二节　企业盈利能力衡量指标

盈利能力分析是企业分析的重中之重，不管进行企业财务分析还是债务分析，其最终目的都是为了及时发现企业经营中存在的问题。通过计算各项指标，可以改善企业的财务结构，提高企业的偿债能力和经营能力，最终实现提高企业盈利能力、促进企业持续稳定地经营发展的目标。

分析企业盈利能力的指标主要是一系列比率指标。尽管可以通过企业利润额分析来判断企业的经营成果，也可以在一定程度上为企业的经营管理提供参考，但是企业利润额主要受企业规模大小以及投入资金量多少的影响，不利于在不同规模的企业间进行对比，而且本身不能准确地反映企业的真实盈利能力。为了更加精准地分析一家企业的盈利能力，必须引入比率指标来进行辅助分析。帮助判断企业盈利能力的比率指标有很多（见图 1-3），善用这些指标，可以帮助企业判断真实的盈利能力，下面一一介绍这些指标的概念以及计算公式。

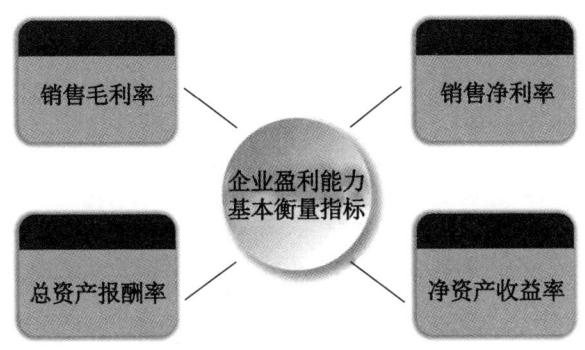

图 1-3　企业盈利能力基本衡量指标

一、销售毛利率

销售毛利率是企业的销售毛利和销售收入净额之比。这里的销售毛利指的是企业的销售收入净额和销售成本之差。销售毛利与销售毛利率的计算公式如下：

$$销售毛利 = 主营业务收入 - 主营业务成本$$

$$销售毛利率 = \frac{(主营业务收入 - 主营业务成本)}{主营业务收入} \times 100\%$$

通过企业销售毛利率公式，可以对企业的盈利能力进行进一步的分析。首先，销售毛利率这个概念其实代表的是企业产品销售的初始获利能力，这是企业获得净利润的基础。如果企业的销售毛利率过低，那么就不可能有很高的盈利。可以把企业的销售毛利率和销售毛利润额结合起来分析，这样可以分析企业对生产经营过程中产生的管理、销售、财务等费用的承担能力。

一般来说，不同行业中的企业，销售毛利率的平均值是不一样的。企业更适合与同一行业的企业进行横向比较，因为同行业企业销售毛利率水平往往是比较接近的。通过和同行业企业的销售毛利率进行比较，可以分析出企业在销售过程中的定价、营销以及成本控制方面是否存在一定的优势或问题等。众所周知，企业的销售成本会受到存货计价和固定资产折旧等会计处理方式的影响，这对销售毛利率也是有一定影响的，因此在计算企业销售毛利率的时候，需要把企业的会计处理方式等细节问题纳入考虑的范围之中。

二、销售净利率

销售净利率是企业经营的净利润占销售收入净额的百分比。销售净利率这一指标可以代表企业每1元销售收入净额能够带来多少利润。销售净利率的计算公式如下：

$$销售净利率 = \frac{净利润}{主营业务收入} \times 100\%$$

在进行企业销售净利率分析时，以下几个思路可以辅助大家更好地进行分析。

1. 重视销售净利率

销售净利率是在分析企业盈利能力过程中需要高度重视的一项指标，因为这一指标代表的是企业在销售过程中的最终获利能力。销售净利率高低可以直接反映企业盈利能力的强弱。这里需要注意的是，在不同行业中，企业销售净利率的平均值是不尽相同的。在高科技产业中，企业往往会获得更高的销售净利率，而在一些重工业和传统制造业产业中，企业的销售净利率水平是偏低的。在对企业盈利能力进行分析时，需要根据不同行业的实际情况综合分析。

2. 销售净利率的计算

从指标计算公式可以看到，只有在净利润增长速度比销售收入净额的增长速度更快时，企业的销售净利率才会增长。在企业净利润的实际计算中，可以根据这一点来辅助进行计算和分析。

3. 影响净利润的因素

需要注意，企业的净利润并不一定都来自企业的销售收入，企业的其他经济活动也会对净利润产生影响，这是在计算中不应该忽略的。比如，企业的其他业务利润、投资收益以及营业外收入等，都会对企业的净利润产生影响。

4. 注意不同行业的比较问题

在进行净利润分析时，有时候需要进行不同行业的比较，此时应该注意分析企业所处的不同行业在不同时期的具体经营情况,比如有些行业存在明显的旺季、淡季问题等。在进行企业盈利能力分析的过程中,需要对其进行全面、细致的考虑,必要的时候可以设定参考基准来进行辅助判断,这样才能够得出正确的分析结论。

三、总资产报酬率

总资产报酬率也叫作总资产收益率,是企业净利润与总资产平均余额之比。这一指标可以反映企业调动其全部经济资源的盈利能力。总资产报酬率的计算公式如下:

$$总资产报酬率 = \frac{净利润}{总资产平均余额} \times 100\%$$

在分析企业的总资产报酬率时,以下几个思路可以辅助大家更好地进行分析。

1. 总资产报酬率的含义

总资产报酬率代表企业对其现有资产的利用效果。如果一家企业的总资产报酬率高,则说明该企业可以较好地利用现有资产,具体表现为企业可以利用现有资源很好地增加收入,节约费用,因此可以获得更高的总资产报酬率。

2. 总资产报酬率对比分析

对于一般企业来说,其总资产的构成通常来自两个方面,一方面是企业所有者投入的资本,另一方面则是企业的举债。企业盈利与企业资产、资产结构以及经营能力等方面都有密不可分的关系。总资产报酬率反映的是企业的综合盈利能力,为了便于更加深入地发掘企业的盈利潜力,可以用这一指标与目标企业处于同一行业的先进企业进行对比,分析企业间总资产报酬率存在差异的原因。

3. 影响总资产报酬率的因素分析

企业总资产报酬率的主要决定因素就是总资产的周转速度和净利润这两点。如果一家企业的销售利润率高、资产周转速度快,那么就可以获得更高的总资产收益率。从实战的角度出发,也可以从这两个方面来提高企业的总资产报酬率,其一是提升企业的资产管理能力,提高企业现有资产的利用率;其二是提高企业的销售水平,通过增加销售收入的方式来提高企业的盈利能力。

四、净资产收益率

净资产收益率也叫作所有者权益收益率，顾名思义，它是净利润与平均所有者权益比值。净资产收益率的计算公式如下：

$$净资产收益率 = \frac{净利润}{(期初所有者权益 + 期末所有者权益) \div 2} \times 100\%$$

在进行净资产收益率分析时，以下几个思路可以帮助大家更好地进行分析。

1. 净资产收益率的意义

净资产收益率可以反映企业股东投资的盈利能力，一家企业的净资产收益率越高，代表企业股东投资能够带来的收益就越多。

2. 净资产收益率与总资产收益率的区别

可以对净资产收益率和上面提到的总资产收益率，也就是总资产报酬率之间进行对比。净资产收益率是站在企业股东的角度来考察企业的盈利能力，而总资产收益率则是站在股东和债权人两个方面来共同考查企业的盈利能力。因此，即使两家企业的总资产收益率水平相当，但由于两家企业的资本结构不同，也就是企业的负债与股东权益比例不同，也会导致这两家企业的净资产收益率不同。

第三节 企业获得超额利润的五个方向

在前两节的内容中，已经介绍过企业经营的目的就是为了获得更多的盈利，这是每一家企业都在追求的核心目标。而在当下激烈的市场竞争中，企业想要在行业中拥有更高的竞争力，就要尽可能多地赚取超过同行业企业的经营利润。企业可以采取的有效方式，就是想办法在企业经营中获得超额利润。所谓超额利润，就是企业经营中获得高于同行业企业正常水平的利润，超出的这部分就是企业获得的超额利润。

对于一般的企业来讲，有五个可以获得超额利润的主要方向。这一说法是熊彼特在1912年出版的《经济发展理论》中提出的，这一理论也叫作"创新方法论"。创新方法论的核心就是企业通过创新才能够获得超额利润。这里需要重点理解的就是"创新"这个词语在创新方法论中的特殊意义：在熊彼特的理论中，创新、发明和创造这三个词语的含义，在企业经营中应该做不一样的理解。发明指的是制作新工具或者发现新方法，而创新则是对新工具以及新方法的应用。正是企业在经营管理过程中对新工具以及新方法的应用，使得企业获得了超出同行业企业的超额利润。

今天，在企业的经营过程中，也可以参考熊彼特提出的创新方法论，根据他总结的五种企业创新经营模式，更好地找到企业创新的思路，从而帮助企业获得更高的超额利润。这里需要特别说明的是，在熊彼特提出创新方法论时，针对的主要是生产制造类企业。今天的市场中，已经出现了大量互联网企业等新型企业，这些企业也可以参考熊彼特的五种创新模式来进行企业创新尝试。不同类型的企业在经营方式上会有所不同，但是在盈利的思路上还是有共通之处的。

在熊彼特提出的创新理论中，他认为创新是生产要素重新组合的产物。下面就来介绍一下创新方法论中提到的可以帮助企业获得超额利润的五个方向（见图1-4）。大家可以品味熊彼特创新方法论的主要内涵，把获得超额利润的思路运用在企业的经营过程中，为企业赢得更多超额利润。

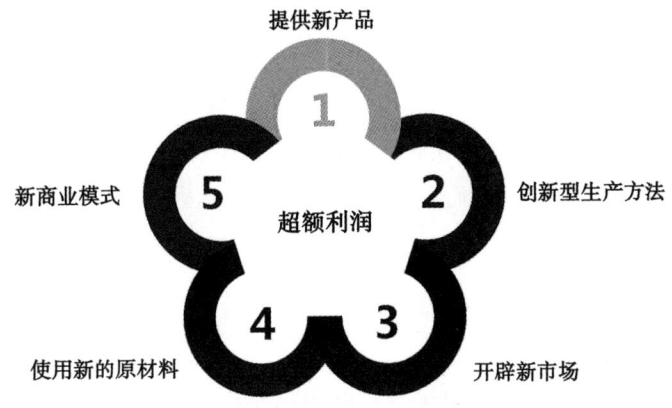

图1-4　企业获得超额利润的五个方向

一、提供新产品

首先，第一种获得超额利润的方式是为市场提供一种新的产品，也可以为市场提供一种新的产品特性。

举例来说，之前风靡全球的苹果手机，就属于为市场提供一种新产品类型的创新。苹果手机对于消费者来说是一种新的智能手机，这种新产品赢得了大量消费者的喜爱，也为苹果公司带来了大量的超额利润。再拿现在很受消费者欢迎的奶茶饮料来举例，过去大家都比较喜欢珍珠奶茶，而现在占据市场主流地位的已经变成了奶盖茶。奶盖茶的出现相对于珍珠奶茶就是一种产品创新，而开发奶盖茶这种产品的企业，无疑获得了相较于奶茶同行企业更多的超额利润，这就是推出新产品对企业获得超额利润的重要意义。

那么，什么是新的产品特性呢？以大家使用的全面屏手机来举例，第一款具有这种手机屏幕的是小米 MIX 型号的手机，这就是一种新开发的产品特性。类似的还有苹果手机中的 iPhone X 型号，这是第一款具有脸部识别功能的手机，这项功能也为消费者提供了一种新的产品特性。现在全面屏手机以及带有人脸识别功能的手机已经出现在后续的很多手机产品中，而在小米和苹果刚刚开发出这一新产品特性的时候，无疑获得了大量的超额利润，建立起了在手机行业中的竞争优势。

二、创新型生产方法

第二种可以让企业获得超额利润的方法，就是采用创新型的生产方法来进行产品生产。

下面举例说明一下这一概念：大家都知道，现在人工智能概念在市场上十分火爆，机器人餐厅就是在餐饮企业中以机器人生产作为重要卖点的典型例子。过去，后厨的菜品都是由厨师进行烹调的，而机器人餐厅则是使用机器人进行食品制作，比如切菜、炒菜、面食等操作都是由机器人完成，连上菜等服务也可以让机器人来做，这种机器人餐厅采用的就是一种新的生产方法。采取这种新生产方法，一方面可以提高餐厅的生产效率，如果机器人的生产效率比同行餐厅有很大提升的话，机器人餐厅就可以获得超额利润，因为它们制作食物的速度更快；另一方面，机器人餐厅采用的这种新生产方法也可以作为一个很好的卖点，从而招徕更多顾客来餐厅体验，这也是帮助餐厅获得更多超额利润的方法。

再比如，很多人都接触过本色卫生纸这种产品。以往，大家使用的卫生纸都是白色的，看起来十分干净，而本色卫生纸则是发黄的，因此叫作"本色"。这种产品思路的提出源于这样一种概念，即白色卫生纸都经过了漂白处理，因为用了化学药品，所以不够健康。而本色卫生纸则提出了一种新的生产卫生纸的方法，或者也可以说是对卫生纸生产方法的一种改变，即在卫生纸的生产过程中省去漂白这一步骤。本色卫生纸生产方式的改变，不仅为企业生产节约了成本，而且抓住了消费者追求健康生活的心理，销量居高不下，为生产本色卫生纸的企业也带来了大量超额利润。

三、开辟新市场

第三个可以帮助企业获得创新性超额利润的思路，就是开辟一个新的市场。当然，这里所说的开辟新市场，并不一定就是开辟出一个全新的、无人踏入过的领域，毕竟这对于绝大多数企业来说难度是较高的。这里所说的开辟新市场，多数情况下指的是仅针对企业自身的新市场开发，也就是开发一个本企业之前没有涉足过的市场领域。对于一家企业来说，自己的新市场可能是其他企业已经占有的老市场，尽管如此，也一样可以给企业带来更多收益。下面就来举例说一说开辟新市场如何给企业带来更多超额利润。

比如，葵花药业是一家经营药品的企业，近年来，其开发出的儿童专用药在市场上大为流行，为葵花药业带来了知名度和收入的大幅度提升。对于葵花药业来说，儿童专用药的开发不仅是一种新产品的研发，也开辟了一个新的产品市场，尽管儿童专用药市场内已经存在了很多药品品牌，但是对于葵花药业来说则是新市场开发的一次尝试。葵花药业儿童药产品的成功，让大家看到，新市场的开发对于企业来说也是获得超额利润的好机会。

对企业经营来说，开辟新市场可以通过研发新产品来实现，也可以把企业过去生产的老产品投入到新市场中，为老产品开发更多的销路，赚取更多的利润。具体来说，就是把一款老产品拓展出新的使用功能，帮助老产品打入新市场。比如一家蛋糕店，过去生产的蛋糕产品往往作为早餐或者礼品，现在随着下午茶文化的流行，蛋糕店可以把蛋糕产品定位到下午茶来进行新市场的开发，这也是企业获得超额利润的一种渠道。

四、使用新的原材料

第四种帮助企业获得超额利润的方式，就是使用新的原材料来制作产品。

这里所说的原材料，不仅限于最基础的生产材料，也可以是一些半成品材料。所谓选择新的原材料，可以是一种新发明的产品，也可以是之前已经存在，但企业还没有使用过的产品。把这种产品用于生产加工的过程，属于使用新的原材料获取超额利润的范畴。

为什么提倡原材料的创新使用呢？因为使用新的原材料可能会给企业的产品性能带来巨大的改变和提升，帮助企业在市场竞争中取得更大的竞争优势，获得超额利润。另一种可能是，新材料的使用不仅可以维持企业产品的性能不变，还可以节约制造成本，那么成本的节约同样能让企业获得超额利润。

五、新商业模式

最后一种可以帮助企业获得超额利润的创新方式，就是采用新的商业模式来经营企业。这是近年来很多互联网企业使用的经营方式，也是互联网公司得以快速崛起的经营法宝。

对于很多互联网企业来说，企业经营的核心就是商业模式的创新。比如说，现在大家使用率很高的共享单车，就是一种新型商业模式。再比如现在很多互联网巨头，如谷歌、阿里、腾讯等，都是通过开发新的商业模式一跃发展成为行业巨头的，企业也因此获得了大量超额利润。

像上面举例提到的苹果手机，其实也开发出了一种新的商业模式。大家都知道买手机时需要付费，这是为了购买硬件而花钱。苹果公司开发出的新模式，则是手机内置的应用市场，在里面大家可以找到一些付费软件，下载并使用这类软件的前提就是支付一定的费用。苹果应用市场在苹果手机的销售之外，也为苹果公司带来了十分可观的收入，这种付费手机软件的开发就是一种新的商业模式。

根据上述五种企业创新方式，可以总结出：企业想要获得超额利润，最直接的方法就是进行有效的创新。在企业实际经营过程中，商业模式创新可以在企业与企业之间、企业内部部门之间、企业与顾客之间的各种交易过程中产生，可见创新的范围是十分广泛的。在熊彼特的理念中，他甚至提出企业想要获得超额利润，就只能从创新中得来。由此可以看到，企业获得超额利润的灵魂就在于"创新"二字。

第四节　波特五力模型与企业议价能力

波特五力模型是美国哈佛商学院教授迈克尔·波特（Michael E. Porter, 1947～　）在20世纪80年代初提出的一个经典模型，这一模型给企业制定经营战略带来了深远的影响。迈克尔·波特被商业管理界公认为"竞争战略之父"，他提出的五力模型正是决定企业竞争力的关键模型。本节就围绕迈克尔·波特提出的五力模型展开叙述。

波特五力模型中提出，企业经营中存在着能够决定竞争规模和竞争程度的五种力量，并且这五种力量综合起来，可以为企业的吸引力带来重要影响。波特五力模型中涉及的五种力量分别是：供应商的议价能力、购买者的议价能力、新进入者的威胁、替代品的威胁以及同业竞争者间的竞争程度（见图1-5）。

图 1-5　波特五力模型中的五种力量

对于任何一家企业来说，不论是国内企业还是国外企业，不论是制造企业还是服务企业，都要遵循波特五力模型的竞争规律，这正是波特五力模型的经典之处。直到今天，波特五力模型仍然是企业家们制定竞争战略时常用的战略分析工具。

在波特五力模型提出之前，企业主要用SWOT法来进行战略分析。所谓SWOT，就是分析判断企业的优势（strength）、劣势（weakness）、机会（opportunity），以及威胁（threat）这四个英文单词的首字母组合成了"SWOT"这个缩写（见图1-6）。

图 1-6　SWOT分析法的四项要素

SWOT分析法的优点在于简单实用，不需要经过复杂的计算，就可以制定出企业经营战略。但是只用SWOT方法分析得出的结论太过笼统，而且分析者容易出现主观臆断的问题，不能清晰、准确地制定企业发展战略，这是SWOT分析法的弊端所在。迈克尔·波特在SWOT法的基础上，进一步提出了可以分析产业结构的五力模型，让企业战略分析可以细化、深化。下面对波特五力模型中的"五力"以及它们之间的相互作用关系进行详细说明。

一、供应商的议价能力

供应商可以通过提高投入生产要素的价格以及降低单位价值产品的质量，来对企业的盈利能力和产品竞争力做出调整。供应商议价能力的强弱，主要在于提供的生产要素的价格高低。如果供应商提供的生产要素价值占据了产品总成本中的较大部分，那么供应商的议价能力更强；或者供应商提供的生产要素对产品生产能起到非常重要的作用时，供应商的议价能力更强；或者供应商提供的生产要素对于产品质量能产生重要影响时，供应商的议价能力更强。从企业经营的实际情况来看，如果供应商能够满足如下三个条件，就会具有较强的议价能力。

1. 市场地位稳固

如果供应商具有比较稳固的市场地位，也就是很少受到市场剧烈竞争带来的影响时，具有较强的议价能力。一般来说，这样的供货商会拥有很多购买者，因此任何一个单独的买主都不是供应商的重要客户，供应商在讨价还价的过程中就可以掌握更大的主动权。

2. 产品不可替代性强

如果供应商的产品具有比较强的特色，具有较高的不可替代性，则供应商具有较强的议价能力。因为购买者很难转去购买其他同类型的替代产品，或者购买其他同类型的替代产品的成本太高，因此供应商在讨价还价的过程中就可以掌握更大的主动权。

3. 更容易达成联合

如果产品供应商之间更容易达成联合或者说一体化的模式，而购买者难以达成联合，在这种情况下，供应商会具有更强的议价能力。

二、购买者的议价能力

购买者的议价能力主要表现在：通过压价或要求供应商提供较高的产品质量的方式来影响企业的盈利能力。从市场实际情况出发，如果购买者能够满足如下四个条件，会具有较强的议价能力。

1. 购买量可观

首先，购买者的总数不能太多，而且每个购买者都有很大的购买量，这样，购买者的议价能力更强。因为购买量比较集中，而且占据了供应商销量的很大比例，因此购买者在讨价还价的过程中可以掌握更大的主动权。

2. 供应商规模不大

当供应商规模较小时，购买者在讨价还价的过程中能够掌握更大的主动权。

3. 产品可替代性强

比如说，购买者所购买的属于标准化产品，这时购买者的议价能力就会更强，因为购买者可以同时向多个供应商购买产品。

4. 更容易达成联合

如果购买者更容易实现联合，而供货商不能实现联合时，在这种情况下，购买者拥有更强的议价能力。

三、新进入者的威胁

行业中如果出现了新进入的企业，则该企业不仅会为行业增添新的生产能力和生产所需的资源，同时也会在市场中占据自己的一席之地，挤占之前属于其他企业的市场份额。新进入市场的企业会让市场出现比之前更为激烈的竞争，同时也会导致行业中现有企业的盈利水平不如从前，严重时还会将一些旧有企业淘汰出局，这就是行业中新进入者带来的威胁。

不同的新企业给行业中其他企业带来的威胁程度是不同的，那么如何才能判断行业中新进入者带来的威胁程度呢？根据五力模型，可以从下面两方面因素进行分析：一是新企业进入行业时遇到的障碍大小；二是预期行业中原有的企业对新进入者的反应情况。

1. 进入障碍

新企业进入行业，可能遇到的障碍主要有下述几个因素，即规模经济效应、产品异同、资本实力、产品转换成本、销售能力、政策影响、成本优势、资源优势以及地理环境等。如果仅仅是去模仿行业中原有企业的方式,就很难突破上述种种障碍,因此这是影响新进入者加入行业的重要影响因素。

2. 预期反应

所谓的预期原有企业对新进入者的反应情况,即指原有企业对新进入的企业采取针对性行动的可能性,是否采取一系列措施来限制新进入者的发展。这一可能性主要取决于企业的资金实力、过去行动以及行业整体的发展速度等。

综上所述,新进入行业的企业可能带来的威胁,主要取决于进入者预估加入行业可能带来的收益、面临的困难以及需要承担的风险这三者的综合情况。

四、替代品的威胁

替代品这一概念在经济学中是十分常见的,通俗地说,就是一种产品可以基本替换另一种产品的使用价值,购买者购买任意一种,都可以基本满足自己的需要,这就是替代品的概念。比如说,我们日常吃的牛肉和羊肉就是常见的互为替代品的例子。同一行业或者不同行业中的产品可能出现互为替代品的情况,而在可以互相替代的产品之间,往往会出现比较激烈的竞争情况。下面来看看替代品威胁的具体内容。

1. 限制售价提高

如果企业想要提高现有产品的售价,增加产品的获利能力,会受到一定的来自替代品的限制。这是因为在市场上存在着可以被购买者方便选择的替代产品,如果产品的售价提升,那么购买者就可能转而去购买产品的替代品,让产品销量下滑,无法实现增收的目的。

2. 必须提升质量

如果市场上新进入了一款替代品,则原有企业在进行产品生产的过程中,就必须设法提升产品的质量,提升产品的性价比,或者可以采取降低成本的方式来降低产品的售价,让产品的价格更有竞争力。这是因为替代品的加入为购买者提供了新的选择,同时也加强了原有企业所面临的市场竞争程度,如果不提升产品的质量优势或产品的价格优势,很可能会让产品销量降低,无法实现企业的盈利目标。

3. 受转换成本影响

一款替代品所能带来的威胁程度，还受到购买者转换成本的影响。什么是转换成本呢？就是购买者放弃原来一直购买的产品，转而去购买另一种替代品所需要花费的成本，比如需要花费一定的时间、精力以及费用的变化等。

如果一款替代品兼具价格低、质量好的优点，那么购买者去购买这种替代产品的转换成本就较低，这种产品给原有产品带来的竞争压力就大，因为购买者很容易转而去购买新产品，放弃原有产品。具体到市场经营中，可以通过分析替代品的销售增长率以及净利润增长等数据信息，更加精准地描述替代品所带来的威胁程度。

五、同业竞争者间的竞争程度

现代企业的发展经营并非是孤立的，企业间的利益往往互相关联。行业中竞争对手对于企业发展经营会产生重要的影响。很多企业战略都会出现在与竞争对手进行对抗的部分，目的就是拥有比竞争对手更大的经营优势，赚取更多的利润，这是企业间竞争的常见形式。在同行业的竞争中，常通过价格、广告、服务等多个维度来与同业企业展开激烈的竞争，下面来看一看影响同业竞争程度的因素。

1. 行业门槛

如果一个行业的进入门槛较低，大多数企业都能够轻松入行，那么企业的竞争对手就会比较多，同业竞争者之间的竞争也会比较激烈。

2. 市场成熟度

如果市场本身已经发展得较为成熟，行业中企业面临的竞争程度也会更加激烈。因为市场成熟后，购买者对于产品的需求增长速度很难获得快速提升，这样会让企业面临持续的竞争压力。

3. 转换成本

转换成本也是影响行业竞争程度的重要因素。如果同行业的竞争者提供的产品质量相差不多，特点也较为类似，那么购买者转换成本就会很低，他们很容易从一家企业转到另一家企业购买产品。企业为了尽可能地挽留自身的客户，就会开展更加激烈的竞争行动。

以上是对波特五力模型的介绍。企业在市场经营的实战中，需要规划好自身发展与行业竞争的策略,根据自身需要以及市场环境,采取有效的竞争行动,更好地应对这五种竞争力量,提升企业在行业中的竞争能力,让企业更好地实现发展和扩张计划。

第五节　波士顿矩阵与企业业务分类

波士顿矩阵是美国著名管理学家、波士顿咨询公司创始人布鲁斯·亨德森(Bruce Heuderson,1915~1992)在 20 世纪 70 年代提出的理论。这一理论将企业业务分成四个种类,这四类企业业务之间的相互结合、相互作用,对于企业制定经营发展战略能起到有效的助力。

一、波士顿矩阵的概念

根据波士顿矩阵理论,一款产品的结构主要由市场引力和企业实力这两个因素决定。

1. 市场引力

所谓市场引力,指的是多个因素的共同作用,其中包括整个市场的销量、利润率、销售增长率以及竞争对手实力等因素。在上述多种因素中,对于市场引力因素起到最关键作用的就是销售增长率,通过销售增长率可以反映企业产品结构的合理性。

2. 企业实力

企业实力的内涵包括企业的市场占有率、技术水平、资金实力等。在这些因素中,市场占有率是对企业产品结构最为重要的因素,因为市场占有率是企业竞争实力的直接体现。

3. 波士顿矩阵对企业业务的划分

企业的销售增长率和市场占有率这两个因素之间具有相互作用、相互影响的关系。如果一家企业的市场占有率高,则企业产品发展前景良好,企业也具备更强的实力,产品的销售增长率也会提高,反之亦然。根据销售增长率和市场占有率这两个因素的相互作用原理,可以衍生出四种不同的产品类型,每个产品的特点和发展前景不同,这就是波士顿矩阵对于企业业务的四种类别的划分。这四种不同的产品类型见图1-7。

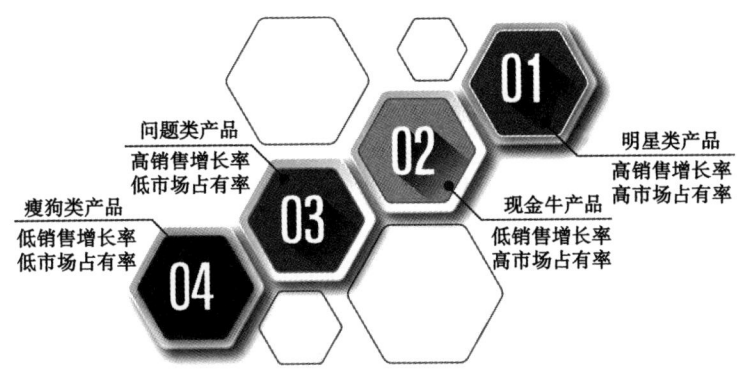

图1-7　波士顿矩阵划分的四种产品类型

（1）高销售增长率、高市场占有率的"明星类产品"。
（2）低销售增长率、高市场占有率的"现金牛产品"。
（3）高销售增长率、低市场占有率的"问题类产品"。
（4）低销售增长率、低市场占有率的"瘦狗类产品"。

二、如何制作波士顿矩阵图

波士顿矩阵图的原理就是把企业生产的产品根据销售增长率和市场占有率的特征进行组合，建立坐标图，并分出四个象限，这四个象限就是对四种不同产品的划分。制作波士顿矩阵图可以帮助企业对产品进行更加清晰的种类划分，让企业根据不同的产品特性制定适合的经营策略，这样企业可以科学地选择产品组合，剔除没有发展价值的产品，让企业的生产资源得到更加合理的分配，促进企业的经营发展。

1. 数据计算

制作波士顿矩阵图之前，需要进行各种数据核算，重点就是各产品的销售增长率和市场占有率这两个关键数据，可以选取产品近三年销售统计数据作为计算基础，市场占有率需要用当下最新的统计数据，这样才能反映数据的真实性。

2. 绘制象限图

把横纵坐标分别设置为市场占有率和销售增长率两项，并按10%的销售增长率和20%的市场占有率来对坐标图进行象限划分。接下来将产品按计算出的数值对应标注在坐标图上的对应位置,以此位置为圆心,以产品当年的销售额为依据画出圆形空间,这样就可以在坐标图上完成产品的定位(见图1-8)。

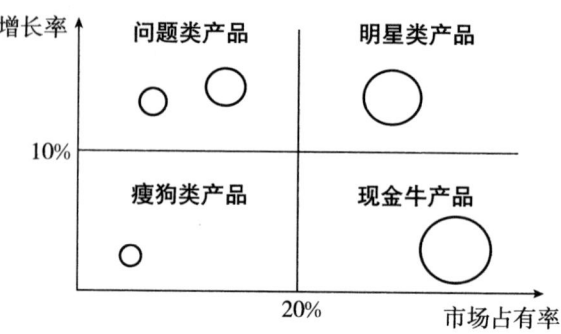

图1-8 波士顿矩阵示意图

三、根据矩阵图制定销售战略

波士顿矩阵理论对所划分的四类产品给出了对应的战略对策,企业可以据此对产品组合进行更加科学的设计和安排。

1. 明星类产品

明星类产品就是高销售增长率、高市场占有率的产品。明星类产品的发展速度快,市场潜力巨大,很有可能成为未来企业产品中的中流砥柱,给企业带来大量销售收入。对于明星类产品,企业应对其投入更多资金,让这类产品更快地成长起来,扩大市场占有率。当产品生产的规模扩大后,会赢得更多市场机会,提高产品在市场上的占有率,建立起企业在同行中的竞争优势。企业要重视制定明星类产品的发展战略以及组织管理执行,在产品生产和产品销售方面投入更多精力,帮助明星类产品更快地发展成熟。

2. 现金牛产品

现金牛产品是低销售增长率、高市场占有率的产品。现金牛产品还有一个别名,叫作"厚利产品",顾名思义,这种产品可以给企业带来丰厚的利润。现金牛产品和明星类产品的区别在于销售增长率降低,这意味着产品已经进入发展的成熟期。现金牛产品的主要特点就是销售量很大,而且产品利润率高,可以给企业带来丰厚的销售收入。此外,现金牛产品已经进入销售增长率放慢的时期,企业只需要保持经营,不需要增加投资,因此现金牛产品是企业回收资金的重要来源,特别是可以用于企业明星产品的继续投资。

对于现金牛产品的战略，企业可以对该产品的各类型投资进行缩减，并采取各种经营策略，让现金牛产品快速赚取更多利润，这样可以提高企业的资金循环效率。对于现金牛产品，需要以市场营销作为管理的主要侧重点，让产品获得更多销售收入。

现金牛产品是企业产品中最为核心的部分，这种产品的规模经济很高，同时还享有较高的边际利润，是企业收入的重要来源。

现金牛产品虽好，但是需要注意，如果企业只有一款现金牛产品，那么其财务状况并不是很乐观，因为企业抵抗风险的能力很差。一旦市场环境突然发生变化，现金牛产品的市场份额出现下滑，那么企业就只能从其他业务中调回现金来维持现金牛产品的生产和运营。如果没有妥善应对市场的突发情况，那么现金牛产品很有可能会变弱，甚至逐渐成为需要淘汰的瘦狗类产品。

3. 问题类产品

问题类产品是高销售增长率、低市场占有率的产品。问题类产品一方面具有广阔的市场前景，另一方面在市场营销中仍存在一定的问题，导致其市场占有率低。问题产品往往利润率不高，比如一些处于引进期，还没有成功打开市场局面的产品，就是问题类产品中的一种。企业针对旗下的问题类产品，可以使用选择性投资的战略加以把控，在企业的中长期计划中持续改进问题类产品的生产方式，以及发展资金的扶持。当问题类产品解决了市场营销中的问题，发展成为明星类产品乃至于现金牛产品，则未来的发展潜力巨大。

4. 瘦狗类产品

瘦狗类产品其实就是衰退类产品，这类产品的销售增长率低，市场占有率也很低。企业生产瘦狗类产品的利润率很低，常常处于刚刚回本或者已经亏损的经营状态。这类产品不能给企业带来经营收益，反而会成为企业发展的负累，因此瘦狗类产品是企业需要淘汰的产品。

针对瘦狗类产品，需要使用撤退战略，逐渐把产量降低，直至退出市场。瘦狗类产品被淘汰之后，剩余的资源可以转而去投资生产企业的其他产品，提高企业资金的利用效率。

下面来回顾一下波士顿矩阵对于企业业务分类的启示，企业经营者可以使用波士顿矩阵，将产品归入四个不同的象限中，对企业业务组合进行分析，掌握产品结构的组成，并对企业未来的产品生产做出规划，合理高效地分配企业资源。其实，一位有远见的企业经营者，不应该等到产品变成了瘦狗类产品后才开始撤退,而是在产品处于现金牛阶段时就对产品的未来提前进行布局,让产品尽可能给企业带来更多的收益,降低产品可能给企业带来的损失。

第六节 经验曲线与低成本竞争

经验曲线理论的提出者是布鲁斯·亨德森,他也是上一节内容中所讲的波士顿矩阵理论的提出者。在亨德森提出的经验曲线理论中,他认为企业的生产经验每积累多一倍,就可以带来企业产品增值成本约20%到30%的下降。大家都知道,企业想要提高产品的生产效率,必然要进行合理的职能分工以及生产资料的持续投入。经验曲线理论则是帮助企业经营者衡量职能分工和企业投资潜在效应的理想工具。

一、经验曲线理论介绍

在亨德森提出的经验曲线理论中,把企业经验积累分为学习、分红、投资、生产规模这几个方面来分别进行讨论。下面介绍亨德森经验曲线理论中的几个重点内容(见图1-9)。

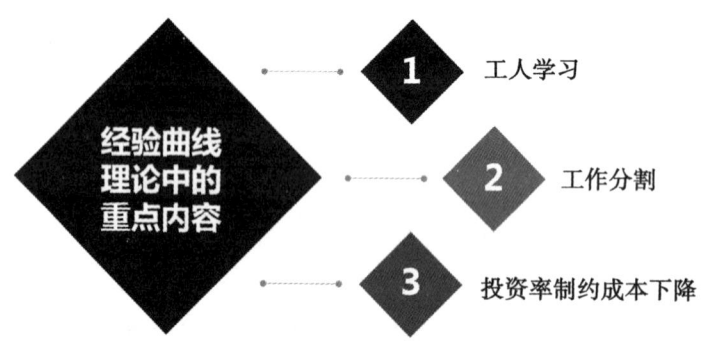

图1-9 经验曲线理论的重点内容

1. 工人学习

亨德森认为,企业工人具备学习的能力,在持续生产同一种产品的过程中,他们就可以进行生产经验的学习和积累。如果工人经验足够丰富,完成同样的工作就可以花费更少的时间,这样算下来,工人就可以在相同的时间内生产更多的产品。亨德森将这一规律总结为:企业总产量每增加一倍,产品的产出水平就能提高10%到15%。这一结论是著名的学习曲线对工时生产力提高的测度结果。

2. 工作分割

在工人学习理论的基础上,亨德森进一步提出:如果两个工人做同一件工作,他们可能将工作分成两半,分别完成各自的工作。在这种情况下,每个工人在单位时间内都相当于做了两倍新分配的工作。再配合工人经验积累理论,则经验积累的效率也可以达到原本的两倍。因此,工人学习的作用可以让企业产出水平提高10%～15%,而工人分工的出现也可以让企业产品的生产水平提高10%～15%。这样一来,经验曲线的总效应可以让产出水平提升20%～30%,也就是使企业的成本下降20%～30%。

3. 投资率制约成本下降

在经验曲线中,成本下降的程度会受到企业投资率的影响。企业的投资回报可以带来成本下降,但如果企业不进行投资,就不会让生产能力获得提升,也就不会带来成本的下降了。由此可见,经验曲线中的成本下降,要受到企业投资行为的制约。

根据亨德森提出的经验曲线理论,可以发现,如果企业想真正实现低成本的优势,不仅需要在生产中进行经验积累,也需要具备一定的规模优势,二者相辅相成,才能真正发挥经验曲线降低企业成本的作用,因此企业的规模扩张和价格因素是企业制定低成本战略不能忽略的重要依据。

二、价格走势的影响

在经验曲线中,需要关注的是价格走势与成本走势之间的关系,只有二者大致保持同步时,才能够真正把企业的利润率扩大。

实际情况中,企业的价格行为基本都可以归入两种典型的价格模式:其一,剔除通胀带来的影响后,产品的价格和生产成本基本同幅度同方向变动;其二,价格先以非常缓慢的速度下降,而后在某一个阶段突然开始大幅度跳水。

一般来说,只有当下述三个条件同时得到满足时,企业产品的价格才能保持相对稳定的状态。

(1) 行业内全部竞争者的成长速度基本一致。

(2) 产品价格和产品成本始终同步变动。

（3）价值相同的产品在不同企业中都会得到相同的定价。

在企业经营中，一次价格变动带来的影响是有限的，而且持续的时间也不会很久，因此一次性的价格变动对于产品价格的稳定状态不会造成什么影响。只有在价格影响了同行业竞争者的相对成长速度时，产品价格的稳定才会被打破。如果产品的价格变动被同行业竞争者的行动所抵消，则不会对企业产品价格的稳定性产生影响。

但是，能够对同行业竞争者的相对成长速度带来影响的一切价格变动，都会对企业产品价格的稳定性带来影响。这里还有一个值得注意的规律，那就是价格变动对企业价格稳定性的长期影响往往和短期影响的方向是相反的。比如行业中的一家企业的成长速度突然发生了改变，那么只要有一个同行业的竞争者想要保持自己从前的利润率，就一定会对产品价格的稳定性带来影响。如果一家企业在市场中占据的产品份额遭到了压缩，那么就一定会制定较低的产品价格，从而对产品价格的稳定性带来影响。

在市场规律中，大部分新上市的产品或成长速度较快的产品，都有一个比较有趣的价格波动周期，可以将之概括为双向波动周期。在产品价格的第一个阶段，价格可以保持稳定，或者价格以十分缓慢的速度下降。在下一个阶段，产品就会面临价格急速下跌的过程。在这类产品激烈的市场竞争中，往往只有成长速度最快的企业，可以在价格的波动中维持住产品的利润率不发生改变。因为成长速度最快的企业，往往可以让产品生产所需的成本也以最快的速度下降。如果企业成功地将成本降到市场普遍行情之下，这家企业就相当于拥有了选择权，可以维持自己的利润率不变，在成本下降的同时降低产品的价格。如果企业在经营过程中可以确保自己的利润率稳定不变，那么实际上企业的生产成本下降就会比其他企业更快，这就是经验曲线中的低成本竞争原理。

综上所述，在经验曲线理论中，价格稳定性其实和市场领导者还有低成本竞争者的主观意愿息息相关，他们可以通过制定更低的价格压缩市场上其他竞争者的成长速度。如果低成本竞争者可以保证企业产品的价格下降速度与生产成本的下降速度保持同步，就可以维持企业利润率相对稳定。

第二章　新背景下的企业模式设计

市场经济的快速发展，让企业的经营面临更加复杂多变的环境，过去旧有的企业经营理论和企业经营模式，已经不能完全适应今天的企业经营管理。在新的市场背景下，企业模式应该如何设计？企业发展经营的战略应该如何调整？本章内容可以给读者带来一定的启发。

第一节　市占率是虚假的护城河

"股神"沃伦·巴菲特（Warren E. Baffett，1930～　）曾说，投资一定要选择有"护城河"的公司。大家都知道，护城河过去指的是保护城池的河渠，现代企业中的"护城河"又是什么呢？下面就为读者解释一下企业护城河是什么，对企业经营又有哪些作用。

其实，巴菲特说的有"护城河"的公司，指的是在经营中具备一些特殊优势的公司，这里的"护城河"，比喻的是公司可以抗衡竞争对手的一些独有优势，这些优势可以像护城河一样对企业起到重要的保护作用。另外，企业"护城河"还有一个关键的特点，即这种优势并不是每一家企业都有的，不是轻轻松松就能形成的企业优势，其他企业想要获得这种优势非常不容易，甚至是不可能的。有了这样的"护城河"，企业在市场上的地位可以说是固若金汤，在市场竞争中可以占据极大的有利地位。

世界著名评级机构晨星公司，曾经把巴菲特提出的护城河理论编著成书，名为《巴菲特的护城河》，这本书目前传播非常广泛，它系统地阐述了护城河理论。下面就选择巴菲特护城河理论中的部分精华和读者分享。

一、虚假护城河

如果要对一家公司进行分析，可能会去寻找它具有的各种各样的优势，比如资金实力、产品质量、技术水平、市场份额等。但是，从巴菲特的护城河理论出发，这些企业优势并不都属于企业的护城河，其中有一些是"虚假的护城河"，不能真正帮助企业确立牢不可破的竞争优势。那么到底哪些企业优势实际上是虚假的护城河呢？

1. 优质的产品

比如说，一家公司旗下有一款明星产品，产品质量在同行业中属于十分精良的水平，而且销量很大，为公司带来了丰厚的利润，那么，这种优质的产品能不能称为公司的护城河呢？

答案是否定的。对于公司经营来说，一款优质产品可以为公司增加收入，也可以在市场上建立一定程度的优势，但是，这款优质产品却不能起到阻挡企业竞争对手的作用。所谓的"阻挡作用"，才是一条护城河最核心的属性，因此公司的一款优质产品还称不上一条护城河。

前几年风靡国内的 ofo 小黄车就是一个典型的例子，作为第一个推出共享单车的品牌，它的确有一款绝佳的产品，产品模式也是一种极大的突破。但是，产品虽好，却不能阻挡越来越多的竞争者进入市场。后来各种各样的共享单车都来抢夺市场份额，这也为 ofo 的经营带来了很大的阻碍，为企业退出市场竞争埋下了伏笔。

2. 巨大的市占率

如果一家企业在市场上拥有很大的份额，市场占有率极高，这样的企业是不是就是有护城河的企业呢？很遗憾，巨大的市占率也属于虚假的护城河。

或许大家主观上会觉得，一家企业如果占据了极大的市场份额，就在同行业市场竞争中占据了极大的优势，其他新进入行业的企业想要占领它的市场份额是很不容易的，这样的优势还不能帮助企业稳固自己的竞争地位吗？

关于市占率的案例，通过回想诺基亚手机的发展历程就略知一二。在智能手机出现之前，诺基亚手机在手机市场上可以说是如日中天，2008 年该品牌甚至占据了全球手机市场中的将近四成，这一数字放到今天，也是众多企业难以企及的高度。然而，在智能手机快速推广之下，曾经稳占手机行业第一的诺基亚在短时间内就快速衰落，如今已经被人们遗忘。

由此可见，即使拥有巨大的市场份额，也只不过是虚假的护城河，不能给企业带来真正意义上的保护作用。当变故发生的时候，巨大的市占率也可能在转眼之间失去。因此，市占率这一指标只是代表企业暂时具有的在行业销售中的竞争优势，不能看作企业的护城河。

结合上面所列举的两项，可以发现，判断企业优势能不能成为真正护城河的核心在于：这一优势到底能不能阻挡竞争对手的进攻。下面就来看看，到底什么优势属于公司真正的护城河范畴。

二、真正的护城河

根据巴菲特的护城河理论，有四种企业优势是"真正的护城河"，即无形资产、转换成本、网络效应以及成本优势，见图2-1。下面一一介绍这四条护城河的具体内容，以及它们为什么可以充当企业真正意义上的护城河。

图2-1　企业四条真正的护城河

1. 无形资产护城河

无形资产，通俗来说，就是企业不具有实体形态的资产。无形资产往往很难用金钱去直接衡量，但是在企业经营中，无形资产可以起到十分重要的作用，有些无形资产还可以成为企业盈利的核心和关键。比如说企业的品牌、专利和特许经营权等，这些无形资产可以称为企业真正的护城河。

（1）品牌优势。

品牌这个概念人人皆知，公司品牌的作用是可以和其他公司进行区分，并有利于企业的宣传。在企业经营中，管理者对于企业的品牌形象都是十分重视的，因为品牌的背后往往蕴含着巨大而关键的商业价值。

品牌在企业无形资产护城河中的重要性也是首屈一指的，因为品牌可以说是企业的一种代表。比如说，看到一件名牌服装，大家可能会自动联想到服装的质量、设计等都是值得信任的，消费者也往往不假思索地为能力范围内的名牌服装买单，这是因为品牌在企业过去经营的过程中已经在消费者的脑海中形成了一种根深蒂固的信任感。品牌的拥有者可以利用这种信任感，更大程度地掌握产品的定价权，让消费者愿意付出比同类产品更加昂贵的价格去购买名牌商品。

另外，企业的品牌也不止有提高定价这一种功能，有些著名品牌的产品并不昂贵，比如可口可乐。随便走进一家普通的超市，可口可乐都是3元一瓶，可见尽管品牌的影响力十分巨大，但是并没有提高产品的定价，那么可口可乐品牌的价值在哪里呢？其实就是降低消费者的搜索成本。所谓降低搜索成本，通俗地解释就是，当人们想要购买一瓶碳酸饮料时，大部分人的脑海中第一个想到的就是可口可乐。有这种情况下，当人们去购买饮料的时候，不假思索地选择可口可乐的概率是不是就很大呢？

所以说，品牌护城河能够给企业带来两类特殊的竞争优势，一是产品定价权，二是降低消费者的搜索成本。这两种优势可以让企业在同行业的竞争中有效地抵抗竞争对手的冲击。

（2）专利优势。

专利优势带来的护城河效应就很容易理解了，如果企业拥有独一无二的专利技术，可以说在这一领域中就有了一定程度的垄断能力，只要是专利范围之内的收入，全部都属于这家企业。拥有专利优势的企业，在竞争中拥有极大的优势，因为竞争对手无法获得与之对等的地位，因而专利优势毫无疑问属于企业真正的护城河。

（3）政府特许经营权。

政府特许经营权是一种比较特殊的优势，属于行政范畴。如果企业取得了政府特许经营权，那么行业中就只有这家企业能经营这个项目，可以说碾压了其他全部对手，这一护城河也是当之无愧的。当然，这一竞争优势在实际情况中是十分稀少的。

2. 转换成本护城河

所谓转换成本，指的是使用者更换产品或服务必须支付的代价。如果使用者的转换成本过高，一般情况下，他们是不愿意随意更换产品的，因为他们会觉得损失太大。如果企业能够为自己的产品设置很高的转换成本，那么客户就不会轻易地选择竞争对手的产品，因此转换成本护城河也属于企业真正的护城河。

3. 网络效应护城河

网络效应的概念和企业客户数量密切相关，所谓网络效应，指的是公司产品和服务的价值随着客户数量的提升而不断增加。很多互联网企业的护城河就是网络效应。当企业拥有足够多的客户之后，就可以建立起非常强大的网络效应，给公司带来的价值呈几何级数增加。例如人们使用的社交软件微信，就是具有强大网络效应的护城河，几十亿的客户数为企业扩展出了极其可观的网络效应价值。

4. 成本优势护城河

企业经营永远围绕着盈利来进行，低成本在行业竞争中始终是至关重要的优势。如果企业可以始终保持自己的产品成本低于竞争对手，基本可以认为企业在竞争中已经立于不败之地，因为无论如何，企业在同等条件下都可以赚取更多的利润。正因为如此，各行各业的企业都孜孜不倦地寻求降低产品成本的方法，这也是企业建立竞争优势的重要途径。

企业建立成本优势的方法有很多，比如优化生产流程、占据稀缺资源以及形成规模优势等，不管通过何种方式建立企业的成本优势，都是企业经营的"真正护城河"。

三、总结

回顾本节内容，可以看到，护城河是指企业具备的结构性竞争优势，护城河的存在可以让企业在很长时间内获得更高的资本回报率。更重要的是，这种优势很难被竞争对手模仿或复制，因此拥有护城河的企业在行业竞争中具有明显的优势。

不过，即使企业拥有自己真正的护城河，也不代表就能永远屹立不倒。随着时代的发展进步，护城河会有受到侵蚀的风险，比如行业中出现了重大技术变革，就会给行业结构带来重大变化，此时护城河是否能继续对企业起到保护作用就是一个未知数。因此，拥有护城河的企业，在经营过程中需要时时警惕，如果发现重大变化的苗头，要及时采取措施来应对，以维护企业在行业中的竞争优势。

第二节 "内卷"与企业无利润区

现代市场发展日趋完善，各行各业的企业数量越来越多，与此同时，企业间的竞争也开始变得越来越激烈。然而，一个市场可以为企业提供的利润总额是一定的，进入的企业越多，平均每个企业能获得的利润也就越少，也就是说"蛋糕只有这么大"。企业为了尽可能获取比其他竞争对手更多的"蛋糕"，往往需要付出比竞争者多得多的努力，这就是市场中"内卷"行为的开端。当企业内卷达到一定程度之后，人们可能会发现，继续努力也不一定能带来比竞争对手更多的利润收入……本节内容就来介绍一下内卷与企业无利润区的概念。

一、内卷化

首先来具体说说"内卷化"的概念。"内卷"近些年成为互联网上流行度很高的热词，它指的是同行人员或者同行企业竞相付出更多的努力以争夺有限的资源，导致每个人或每家企业通过同样的努力获得的收益越来越低的现象。

"内卷化"这一概念本身属于人类学范畴，由人类学家吉尔茨（Clifford Geertz，1926～2006）首次提出。他发现在殖民地时代和后殖民地时代的爪哇地区，由于农业长期没有获得发展，一直在进行简单的再生产，不能提高单位人均产值，他将这种现象命名为"内卷化"。中国历史社会学家黄宗智则用"内卷"来研究我国明清时期长江三角洲地区的小农经济，他认为通过在一定区域的土地上投入大量的劳动力来提高农作物总产量的方式，会导致边际效益递减，是一种没有发展的增长。

举个通俗易懂的例子，现在大学生考研是非常流行的趋势，因为大家普遍认为研究生毕业有更好的就业前景。近年来考生数量早已突破了四百万，而所有高校加起来每年也只招录十几万人，每个考研学生需要付出极大的努力才有可能考上研究生。但是随着研究生毕业的数量越来越多，许多人发现，即使自己辛辛苦苦读完研究生，也只能找到一个和几年前毕业的本科生差不多的工作。学生们付出的努力增加了，结果却没有给他们带来更多的收益，这就是典型的"内卷"。

站在更高的角度看，内卷可以算是努力的"通货膨胀"，同样的努力换来的收益越来越少。从社会发展的角度来看，内卷也可以看成是社会发展到一定阶段后停滞不前，很难突破到另一种更高级的模式，所以才造成种种内卷的现象。

二、企业无利润区

说完了内卷的概念，再来说一说企业的无利润区是怎么回事。利润区，顾名思义，就是可以为企业带来利润的经营活动区，无利润区自然是利润区的反面，即不能为企业带来利润的经营活动区。大家都知道企业经营的核心目的是为了追求更多的利润，那为什么有的企业会甘愿不获利地进行生产，也就是进入无利润区呢？

其实，很多企业在经营决策的过程中会不知不觉地迈入无利润区的陷阱，这对于企业经营来说无疑是没有好处的，而企业进入无利润区的原因和刚刚所说的内卷不无关系。下面就来具体看看企业进入无利润区的原因有哪几个方面（见图 2-2）。

1 盲目追求市场份额
2 产能过剩
3 利润区转移

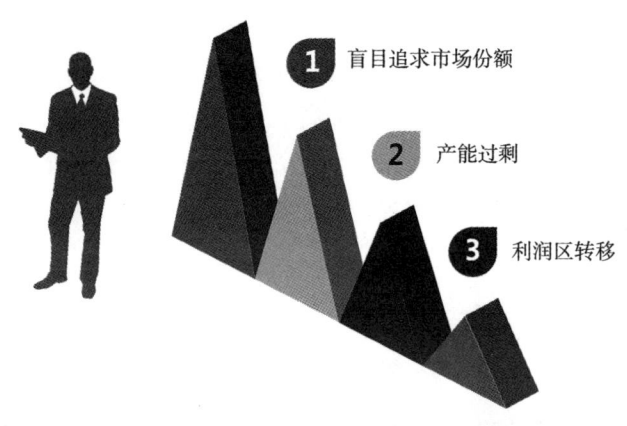

图 2-2 企业进入无利润区的三个原因

1. 盲目追求市场份额

本节开头提到，随着进入市场的企业越来越多，每一家企业能获得的平均收益降低了，企业为了获得更大的"蛋糕"，就需要努力扩大自己在市场上所占的份额，这样才有机会获取更多的经营收益，超越竞争对手。但是，一些企业不顾自身经营的实际能力，为追求扩大市场份额而采取激进的营销方式，比如大幅度降低产品售价以抢占市场。这样的结果就导致企业的市场份额扩大了，但是企业获得的收益却没有提升,同时还带来了同行业企业打价格战的危机。这就属于一种行业内卷行为,其结果也是显而易见的,不利于企业发展。

2. 产能过剩

产能过剩这种情况在实际市场经营中屡见不鲜,很多企业在快速发展时期,会选择增加企业生产设施或扩大企业生产规模,但是一旦企业增长的速度放缓,或者开始消退之后,这些之前投入的大量资源就会深陷无利润区,无法为企业带来收入。产生这一问题的原因主要是企业对自身未来的发展规划不够充分,没有对企业发展速度降低之后的经营提前做出规划,造成企业资源没有得到合理的利用与妥善的处理。

3. 利润区转移

还有一种导致企业进入无利润区的原因就是企业的利润区转移。现代市场变化的速度非常快,可能企业昨天的盈利产业,到今天就已经被市场所抛弃,变成了对企业没有收益的无利润区。在现代企业经营中,每天都会有新的无利润区出现,让企业过去有价值的经营活动变得没有盈利空间。针对这种可能出现的情况,企业需要及时对经营发展战略进行调整,把经营的重点转移到能带给企业更多经济效益的领域。

综合上述内容可以发现,在现代企业经营过程中,不论是内卷化的行为,还是企业无利润区的陷阱,都是企业提高经营利润的敌人,而且它们十分隐蔽,不易察觉。如果要避免企业遭遇如上情况,需要企业的经营管理者经常用现代化的思维对企业发展战略进行审视,及时进行调整,确保企业经营向高效的方向转变。

第三节　新背景下的企业设计要素

在新的时代背景下,企业经营不仅有更大的机遇,也面临着更加激烈的市场竞争。正如之前提到的那样,在企业经营中稍有不慎,就可能陷入无效内卷和企业无利润区的陷阱。因此,在新的时代背景下,企业经营应该更加重视经营战略设计,让企业在激烈的市场竞争中保持正确的前进方向和高效的经营管理,为企业持续创造更多的利润。本节内容将围绕新时代背景下企业设计中的四个基本要素展开,介绍如何对企业进行科学的、前瞻性的经营战略设计,提高企业在市场中的竞争力，见图 2-3。

图 2-3　企业设计的四个基本要素

一、客户选择

第一个企业设计要素是企业的客户选择问题，其实这个问题的核心就是企业要为哪些客户提供服务。一家企业不可能为所有人都提供服务，只有锁定自己的目标客户，才能对客户制定有针对性的服务计划，这样才能高效率地实现客户的转化。因此，在企业设计中提出的第一个设计要素，就是企业的客户选择问题。那么企业如何锁定自己的目标客户群体呢？可以从以下两个方面来考虑。

1. 企业能够为谁提供价值

有需求才会有购买，客户对企业的产品和服务有需求，才会选择购买。因此，企业第一个需要明确的就是能够提供的核心价值是什么，以及谁是真正需要这一价值的人。如果想明白这个问题，企业的客户群体就可以大概锁定了。

2. 企业更需要哪类客户

如果企业的目标客户群体种类很多，或者范围很大时，企业需要对不同客户的重要程度进行排序。只有精准化的服务才能更加有效地吸引企业的潜在客户，因此，企业在战略目标设计的过程中也应该有所侧重，针对能带给企业更大价值的客户量身打造经营策略，这样可以有效提高企业关键客户的转化效率。

二、利润获取

第二个企业设计要素是企业的利润获取问题，这一问题的核心是企业通过何种方式来赚取利润。现代企业获取利润的方式多种多样，企业可以通过生产加工来获取利润，也可以通过提供服务来获取利润，还可以通过出售高科技技术或软件应用等方式获取利润。不同的利润获取方式对应的企业经营管理方式大相径庭，因此，企业在进行发展战略设计时，需要把企业获取利润的方式提前考虑清楚，后续可以围绕企业的盈利模式制定有针对性的发展战略。

具体如何选择企业赚取利润的方式，应该从为客户创造价值的角度出发来进行考虑。因为在新时代的市场环境中，客户至上是企业经营的重要理念，企业为客户创造价值的内容以及创造价值的方式，基本上已经决定了企业获取利润的方式。如果有多种获取利润的方式供企业选择，可以更加倾向于创新性的模式，因为过去固有的模式可供探索和开发的空间已经远远不足，新模式则有可能为企业带来更加广阔的经营前景，正如前文所说，创新是为企业带来超额经营利润的源泉。

三、业务范围

第三个企业设计的要点是企业的业务范围规划，其核心在于框定企业经营活动的范围。在企业发展中，尤其是刚刚进入上升期的企业，经营的业务范围贵精不贵多，锁定自身最擅长的经营领域进行深耕，一般是最容易在新时代市场背景中获得成功的方式。

具体来说，企业应当围绕自身为客户提供的产品、服务以及解决方案的类型来确定自身的经营范围。以企业的几项核心业务为发展的主要范围，以主要客户的核心需求为目标，对该领域深入发掘。对于企业经营中不是最核心部分的业务，企业可以采取分包、外购或者与其他公司合作的方式来进行生产，以节约一部分经营管理成本。

四、战略规划

最后一个企业设计问题就是企业的战略规划，这也是企业经营中一个至关重要的问题。所有企业战略规划的目标都是保护企业经营利润的稳定和扩张，这也是企业经营的核心目标。

这里将企业的战略规划分为五个步骤，按照这五个步骤，企业可以进行全面的战略规划，帮助企业控制整体发展方向，并保持企业在行业中的竞争力。

这五个步骤如图 2-4 所示。

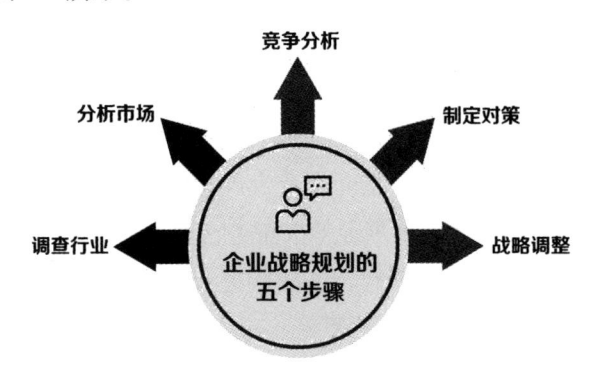

图 2-4 企业战略规划的五个步骤

1. 调查行业

首先，企业需要调查并分析自身所处行业的市场整体情况，比如产品的主要客户具体都由哪些人群组成，同行业的产品具体可以分成哪些类型，与本行业密切相关的市场都有哪些，以及产品的主要流通渠道等。这些问题都是企业经营中绕不开的实际问题，需要在企业设计环节就一一调查清楚，之后才能根据市场的具体情况来制定企业的发展战略。

2. 分析市场

调查了行业的具体情况之后，接下来就要对已取得的数据展开分析，尤其是针对企业经营的一些关键数据进行分析和计算，比如行业中前 50％企业的年销售额情况，这些企业中不同种类产品在销售中的占比情况，不同类型的产品大致可以带来的利润率是多少，产品可以为客户带来哪些附加价值等。

3. 竞争分析

分析了市场和行业的整体情况之后，企业还需要掌握自身所处行业当前的竞争情况。比如，当前行业中市场占有率排行前十的企业的发展模式，头部企业在全国不同地区的市场占有率分布以及不同类型的产品在市场上的占有率分布，竞争对手的技术开发和市场营销能力等。知己知彼，百战不殆。企业需要对自己的主要竞争对手足够了解，才能制定出有针对性的经营方案，在竞争中占据主动地位。

4. 制定对策

基于上述收集到的企业战略设计的基本信息，企业可以围绕自身经营的核心要素制定经营对策。在制定对策的过程中，一方面要正确评价自身的优势和劣势，另一方面也要敏锐地发现市场信息中蕴含的发展契机，找到合适的切入点，确定企业经营的最佳模式，制定全面的企业战略规划。

5. 战略调整

最后，就是企业经营战略的实施过程。在此过程中，企业需要注意保持对企业经营战略实施的全程监控，把握企业发展的方向。如果市场和行业发生了重要变化，一定要及时对企业发展经营战略进行调整，保证企业战略高效实施。企业管理者可以采用必要的工具对企业战略进行整体规划，比如前面讲解过的波士顿矩阵、SWOT模型和五力模型等，对企业战略进行全面、详细的分析、把控和调整。

第四节 以客户为中心创造利润

在现代企业经营的各个要素之中，客户需求占据极其重要的位置，可以说对于企业的销售、研发、生产以及服务等各个板块都能够产生深远的影响。"顾客就是上帝"这句经营口号在行业内早已流传多年，直到今天，在现代化的企业经营管理中，仍然离不开"以客户为中心"的企业经营思路。

一、以客户为中心的原因

为什么企业经营一定要以客户为中心呢？根据现代管理学之父——彼得·德鲁克（Peter F. Drucker，1901.11~2005.11）的说法，企业存在的原因就是为了创造客户。的确，企业和客户这一对概念是相伴相生的，没有企业，也就没有客户；没有客户，企业也难以为继。正是一家家企业根据客户的需求提供各种各样的产品和服务，才创造出今天不断发展壮大的市场经济。

回到德鲁克提出的"创造客户"的说法，他所提出的创造客户的意思，其实就是服务客户、满足客户的需要。在他的理论中，企业正确的经营模式绝不是仅仅以企业利益为中心而损害客户的利益，也不等同于单纯的利润导向经营方式，而是在满足客户需求的基础上取得合理的利润。

对于任何一家企业来说，客户才是企业唯一的收入来源。如果没有客户购买，企业生产再多、再好的产品也赚不到一分钱。企业只有通过与客户交易，才能从真正意义上实现创造产品和提供服务的价值。因此，为客户提供服务才是企业经营中最重要的事，这是企业赖以生存和发展的基石。

二、挖掘客户的需求

明确企业经营需要围绕客户需求之后，还需要知道如何准确定位企业主要客户群体的需求。

1. 客户的需求层次

绝大多数客户对于产品和服务的需求都是分为多个层次的，也就是说，客户对于产品和服务的需求并不是单一的，这需要企业对客户的需求层次进行梳理和分析，见图 2-5。

图 2-5　客户需求的四个层次

（1）功能需求。

客户对于产品和服务的功能需求十分常见，也是最基础的客户需求层次，具体包括对产品主要功能的需求、对产品辅助功能的需求以及对产品特殊功能的需求。比如说，我购买一台电脑，需要这款产品满足我上网、办公、娱乐等方面的需求，这就是对电脑这款产品的功能需求。

（2）形式需求。

所谓形式需求，就是客户对产品品质、品牌、载体等产品形式方面的需求，产品形式的需求也属于客户的基本需求层次。

（3）价格需求。

客户的价格需求对于客户的购买决策具有非常重要的作用。客户都希望自己可以花较少的钱买到质量更高的产品，而且在类似的条件下，客户往往会在行业中多个企业的产品间进行价格对比,选择自己最为满意的购买方案。

(4)情感需求。

除了物质层面的需求,客户有时对产品还具有情感需求。情感需求具体包括心理需求、文化需求以及感受需求等。比如温暖周到的服务可以很大地满足客户的情感需求,这类需求属于客户对产品和服务的外延需求。

2. 客户需求的本质

通过对上述客户需求四个层次的分析,可以看到客户的需求是多种需求共同作用的结果,那么如何从中找到客户需求的本质呢?

其实不论是产品的质量、价值还是价格等因素,归根结底都要和客户的体验进行挂钩。不同的产品因素带给客户不同的体验,最终综合性地形成客户对企业和产品的印象和评价。因此,在企业经营的过程中,要牢牢把握住客户体验这把钥匙,得到客户对产品和服务的真正认可,从而实现企业的盈利转化。

三、以客户为中心创造利润

在企业的实际经营过程中,可以通过以下四个方式来实现以客户为中心创造利润的目的。

1. 以客户需求为导向

第一个也是最重要的一个,就是以客户需求为企业经营的导向。具体内容包括企业经营管理的方方面面,如研发管理、生产管理、销售管理、服务管理等。企业核心客户的需求会为企业指明未来发展的方向,也是企业成长的永恒驱动力。

2. 高质量的产品和服务

了解到客户的需求后,企业需要做的就是为客户提供可以满足他们需求的高质量产品和服务。对自己的客户负责,这才是企业的长久经营之道。当企业通晓客户的核心需求,又可以按高标准为客户提供产品和服务,就可以在很大程度上提高客户的满意度,提高企业的盈利。

3. 及时响应客户的需求

客户的需求不是一成不变的,不同类型的客户有不同的需求,同一种客户的需求也会因时间的推移发生改变。当客户对企业提出新的要求时，企业要做到及时响应客户的需求，达到令客户满意的结果。在互联网新时代背景下，客户的口碑可以在互联网上更快地传播，不管是正面的评价还是负面的评价，都会对企业产生重要的影响。因此，企业对于客户提出的需求务必高度重视，快速响应，通过高效的服务提升客户对企业的认可，打造更好的企业口碑，这对于增加企业盈利能够起到重要的帮助作用。

4. 降低企业经营成本

企业可以通过科学化的经营管理提高内部运作管理能力，降低产品和服务的成本。前文中提到，客户的决策在很大程度上受到价格需求的影响。如果有两件质量相同的产品，客户一定会选择价格更加合适的产品，而这种客户需求就是企业获得客户认可的重要突破口。当企业降低经营成本之后，产品的价格也会变得更有竞争力，客户购买产品的意愿也会变得更加强烈，从而帮助企业提升销量，增加销售收入，获得更大的同业竞争优势。

第五节　客户善变怎么办

越来越多的企业发现了客户体验在企业经营中的重要作用，尤其是客户体验可以极其有效地提升客户满意度，让企业的经营利润得到长期的提升。基于此原因，越来越多的企业开始把提升客户体验作为制定企业经营发展战略时考虑的首要因素。

在新时代的市场经济中，客户体验已经不同于以往，客户对于产品和服务的关注点变得更加多维度，他们重视整体体验，不再只注意产品中的某个单一的优势。随着产业技术升级速度加快，客户需求的变化速度也超过了以往任何一个时期，也可以说，顾客变得"善变"了。

上节内容强调客户是企业创造利润的核心，因此企业需要根据客户需求的变化及时、全面地调整自身生产和服务的战略，以满足客户的新需求。面对更加"善变"的顾客，企业可以通过以下三个步骤来完成客户体验的提升和转型，见图 2-6。

图 2-6　企业完成客户体验提升和转型的三个步骤

一、准确定位客户需求

在新时代的市场条件下，想要满足客户"善变"的需求，首先要做的就是精准定位客户的需求到底有哪些，包括表面需求和深层次需求，这样才能有针对性地为客户提供满意的产品和服务。

为了准确定位客户的需求，企业需要转换过去单一侧重点的分析视角，如果只把目光放在某一个特定的要点上，就不能认识到客户需求的全部内容。在当下互联网企业经营模式下，很多企业不仅需要为客户提供产品，还需要为客户提供终端服务，此时客户的服务需求就是多元化的。如果企业在提供优质产品的同时，也能够为客户提供人性化的服务，就更符合客户对于企业产品和服务的预期，从而提高企业产品的销售量。

可以帮助企业精准定位客户需求的方式有很多，比如通过企业一线员工收集客户评价、进行客户体验调研等。企业需要通过多种方式更全面、更深入地掌握客户的真实需求，从而帮助企业制定更能满足顾客需求的生产经营战略。

二、识别客户主要痛点

痛点，在企业产品和服务的营销中是一个十分关键的概念，指的是可以快速打动客户内心的点。如果企业制定的营销战略可以精准击中客户的痛点，那么产品和服务营销一定可以收到事半功倍的效果。

在新的时代，客户需求的复杂性让人们对整体消费体验有了很高的要求，人们不仅希望产品的质量好、价格低，还要使用方便，服务周到，能提供情绪价值等。十全十美的产品和服务是理想化的情况，真实的情况是企业往往不能满足客户的全部需求。在这种情况下，企业可以选择满足客户的一部分关键需求，尤其是抓住客户的"痛点"，有效地打动客户，提升客户的购买转化率。

企业可以通过内部研讨和工具分析辅助识别客户的主要痛点。比如召集一线部门对客户的产品体验进行全程复盘，总结近一段时间经营中服务的全部客户类型，并对这些客户的行为和沟通过程进行分析和总结，包括客户咨询、客户订购、客户支付、客户投诉和客户索赔等。还可以通过分析数据的方式，对企业近一段时间的产品销售数据与客户满意度调查情况进行对比分析，找出客户满意度和客户购买之间存在的关系。

除此之外，还可以通过大数据等技术对客户的痛点进行数据化分析，这样可以更科学、更可靠地找出对客户更具有影响力的产品因素。企业可以使用的客户大数据来源有：客户定位记录、客户发布的微博和朋友圈等公开信息、与客户的通话记录和客户的意见记录等，这些信息中隐藏着客户核心需求的关键信息。在大数据专业分析工具的帮助下，企业可以发现很多过去注意不到的客户需求的内在规律。当企业发现和掌握了这些规律之后，就可以更加准确地抓住客户的痛点，并针对痛点进行产品和服务的升级设计。

三、创新设计产品服务

企业掌握了客户需求以及客户痛点后，可以对产品和服务进行有针对性的升级设计。在此过程中，企业可以给产品和服务加入创新性元素，对产品和服务进行升级，以增强产品在市场上的竞争力。这样可以通过高效的资源利用取得效果显著的经营升级。

如何将客户"善变"的需求与产品和服务的升级进行结合，其实并不是很容易做到的。建议企业按下述方式尝试创新性地设计企业的产品和服务。

企业需要充分利用一线员工反馈的客户信息，并针对其中的客户需求提出创新性经营举措，在实际的生产和销售环节中尝试推行。此时，企业需要注意在创新性经营举措实施的过程中，牢牢跟进顾客反馈的关键业绩指标和客户评价，以此来评判创新型经营举措的成果，决定是否继续沿用这一经营举措。最后，企业需要对创新型经营举措设置一定的周期，重复上述"制定—执行—反馈—收集—评判"这一循环方式，持续提升企业经营举措的更新效率。

企业经营以客户为中心的理念要渗透到企业机构自上而下的方方面面，通过把握客户需求、抓住客户痛点的方式，帮助企业更加精准地定位到主要客户群体的真实需求和内在需求，再通过企业围绕客户服务的经营管理体系和制度化建设，多管齐下共同满足客户对多样化产品和服务的需求。

第六节 苹果公司的利润为何那么高

苹果公司的热度在互联网上居高不下，2022年，苹果公司的市值突破了3万亿美元，又在互联网上引发了广泛的关注。不仅苹果公司的市值之高引人瞩目，首席执行官库克的薪酬同样引人侧目，2021年他的总薪酬为9870万美元，换算成人民币约为6.3亿元，其中他的基本薪酬为300万美元，还有高达8230万美元的股票奖励。

事实上，目前智能手机全球总出货量已开始缩水，但是苹果公司似乎没有受到太大的影响，销量反而在持续提升，公司的利润率依然坚挺。苹果公司究竟是如何做到这一点的？本节内容就来分析苹果公司在当前的市场环境下保持超高利润率的秘密。

一、苹果公司的超高利润

一直以来，苹果手机带给大家的印象就是高端、昂贵、奢侈，苹果公司的利润率同样居高不下。在苹果公司公布的2021财年（2020年10月～2021年9月）年报中，可以看到该公司2021年总营收为3658.17亿美元，毛利率达到41.8%，净利率则超过25%。

单从数据上面看，可能还不好判断苹果公司的盈利能力，下面再来看看同属手机制造行业的小米公司的相关数据，通过对比可以更加直观地看出苹果公司的盈利水平。

小米是国内知名的手机厂商，小米品牌在国内的市场份额排在前列。在小米公司2021财年的年报中，可以看到小米的年总营收为491.87亿美元，毛利率为17.5%，净利率为3.7%。

第二章 新背景下的企业模式设计

虽然上面两份年报中的净利润并非全部来源于智能手机，还包括苹果和小米两家企业的其他业务，但是二者之间巨大的净利润差距是的确存在的（见图 2-7）。苹果公司不仅仅在手机制造行业中的净利润率一骑绝尘，即便是放到全行业中，这一高达 25% 的净利润率也绝对是属于第一梯队的水平。

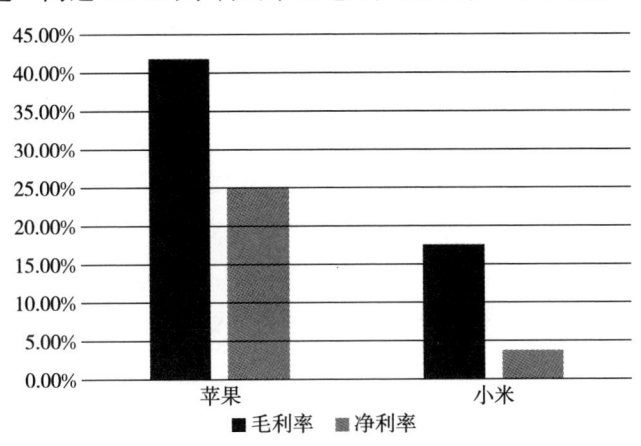

图 2-7　苹果公司与小米公司 2021 财年利润率对比

更值得注意的是，尽管苹果手机的价格在国内始终居高不下，却依然受到"果粉"们的追捧。比如苹果在推出 iPhone 13 Pro 系列时，需要顾客提前到苹果公司官网下单，等待发货，而且往往一等就是一个月。这倒不是因为苹果公司玩一些饥饿营销的手段，实际情况一方面是因为购买手机的顾客实在太多，生产速度跟不上；另一方面则是因为供应链受多方影响的缘故，产品供应方面力不从心。

库克（Timothy D. Cook, 1960.11～　）对于这一情况曾表示，因为 2022 年受到供应链的影响，给苹果公司带来约 60 亿美元的损失。尽管如此，市场上对于 2022 年度苹果公司的业绩仍然普遍持有乐观的态度，因为苹果公司推出的 iPhone 13 系列在市场上依旧十分火爆。

曾有国外媒体发布了苹果公司 2022 年推出的 iPhone 13 Pro Max 256GB 版手机的拆解视频，这一行为在网络上引起了轩然大波，因为拆解结果显示，一台手机的成本只占手机价格的三分之一左右。一台 iPhone 13 Pro Max 256GB 版手机中使用的 OLED 屏、相机模组、电池、存储芯片、处理器芯片、LiDAR 感测器以及 5G 数据基带芯片等零组件，加在一起的价值约为 438 美元，而这台手机在美国的售价为 1199 美元，这么一算，成本只占手机售价的 36.5%。而当时在国内购买一台这样的手机需要 9799 元人民币，换算过来，苹果公司售出一台手机，可以净赚约 7000 元人民币。很多国内外网友看到这样的结果都大发感慨，说苹果公司的利润率实在太高了，怪不得这家公司自己就占据了全球智能手机市场八成的利润。

不过，一台苹果手机净赚 7000 元的说法实际上是一种误解。仔细分析一下就可以发现，一台售价 9799 元的 iPhone 13 Pro Max，首先就包括了 1127 元的税费，这个比例占到了 13%。除了税费和拆解出来的价值 438 美元纯零件成本之外，难道生产手机就不包括其他成本了吗？比如产品技术研发、加工生产、广告费用以及人工成本等，都是必须要花费的支出。再比如苹果手机使用的 iOS 系统，如果不花大量资金进行研发和维护，也不可能让手机流畅运行。因此，细细计算下来，实际上苹果公司一台手机净赚 7000 元明显是达不到的。根据 2022 年苹果公司给出的部分财务信息，可以看到 2022 年苹果公司的净利润在 25% 左右。

二、国内手机品牌与苹果公司的差距

为何苹果手机在利润率方面可以一马当先，这一品牌究竟和其他品牌的手机有何不同之处？

2022 年以来，可能很多手机厂商们都开始感觉到智能手机市场渐渐冷却了下来。尽管各个品牌都积极推出各种新款机型、旗舰机型，但是市场中没有哪一款手机受到消费者的长期欢迎。2022 年，似乎没有迎来"爆款"手机。

手机品牌经过近几年的发展，硬件方面渐渐开始同质化，大家推出的手机性能都差不多，让消费者眼前一亮的卖点很少出现了，这也是消费者热情减退的主要原因之一。比如说 5G 手机这个概念在刚刚发布的时候，各大手机厂家都争先恐后地宣传新手机的 5G 功能，这就是当年手机的最大卖点。4G 手机升级成 5G 手机，对于手机品牌来说，都有巨大的市场空间可以发掘。不过时至今日，5G 概念这一话题已经很少能提起消费者的兴趣了。原因很简单，现在 5G 已经变成了市场上主流智能手机的标配，每家手机品牌旗下都有多款 5G 手机，这已经不能作为品牌宣传的重要卖点。

当前缺少新的技术作为手机宣传的主要卖点，自然很难激发消费者的购买欲望。不仅如此，手机使用的芯片基本都出自高通和联发科这两家厂商，消费者对于芯片已经十分熟悉，缺少新鲜感。由此可见，手机厂商在芯片领域亟待发展。现在，小米、OPPO等手机品牌都开始积极进行芯片研发制造布局，相信未来手机芯片市场会变得更加丰富。

  国产品牌手机与苹果品牌的差距主要体现在技术与供应链管理能力方面，苹果手机始终占据智能手机品牌的技术优势，其供应链管控能力也是十分强势的。正是凭借这两项优势，苹果公司得以在智能手机行业中获取大部分利润。国产品牌的手机还需要进一步提高核心技术的自研率，提高手机应用的技术水平，持续推动国内智能手机产业链的完善，这样才能在未来获得更多的商业利润。

第三章 价格与企业利润的关系

企业经营的目的是尽可能地赚取更多的利润,而企业产品和服务的定价与企业的利润具有十分密切的联系,掌握定价的规律和方法可以有效地在原有基础上提高企业的利润。本章内容就来系统地讲一讲企业的价格与利润之间的关系。

第一节 价格是调节企业利润最便捷的方式

价格,在商品经济社会是人人都不陌生的词汇,其指的就是消费者在购买商品或服务时需要支付的货币数量。每一件商品在出售的时候都是有价格的,免费也属于价格的一种形式。在企业经营的过程中,确定商品各个时间的价格,就是商品的定价过程。不论商品的价格高低,商品定价是每一家企业都会进行的活动,而且,商品定价是调节企业利润最为便捷的方式。那么,看似简单的商品定价,是如何调节企业利润的呢?

一、价格对企业利润构成的影响

在企业经营的实际过程中,有三个能够实际测量的因素对企业的利润造成直接的影响,这就是价格、销量以及成本这三个企业生产经营的基本要素。企业利润的计算公式如下:

$$利润=(价格\times销量)-成本$$

这是企业经营利润核算中最基本的公式,企业赚取的利润就是产品价格乘以销售出去的产品数量即销售额,减去企业生产产品所花费的成本,这就是企业可以获得的经营利润。

在价格、销量以及成本这三个影响因素中,能够被企业自身控制的是价格和成本。因为产品销量的提升往往受到很多外界因素的影响,企业自身能够对产品销量起到的影响作用是十分有限的。虽然企业可以自主控制产品的成本,但是在保证产品质量的前提条件下,成本的下降不是一朝一夕可以实现的,这也是每一家企业在经营中需要解决的难题之一。但是,商品的价格因素却不同,它可以根据企业的需要进行灵活的调整,这是最容易被企业控制的企业利润影响因素。

在如今的互联网时代,不夸张地说,一些企业可以轻松做到商品价格随时调整。比如很多奶茶店使用的电子屏菜单,就可以通过门店总部进行统一控制,再加上店内使用的统一收银系统,随时都可以在全国门店范围内实现产品提价或降价促销等价格调整。

通过分析还可以发现,产品价格发生改变,可以对产品的销量造成客观的影响,比如产品降价促销可以大大提高产品的销量,但是产品销量对产品价格并不会起到限制或者控制作用。从这个角度来看,企业通过调整产品价格来调整利润,是一种十分方便且十分有效的方式。

二、通过价格调整企业利润的案例

下面通过举例来具体说明一下调整产品价格是如何对企业利润产生影响的。

假设经营一家咖啡店,以拿铁咖啡作为门店的销售产品。在开店期间,每天都会有一定的固定成本,也就是每一天的固定支出,具体包括门店租金、员工成本以及机器折旧等。为了计算方便,记每天的成本是 1000 元,每杯拿铁咖啡的定价是 10 元,原料成本是 5 元,平均每天销售拿铁咖啡的数量是 400 杯,下面就可以计算一下开店期间这家咖啡店每天的利润:

$$(10 \times 400) - 1000 - (5 \times 400) = 1000(元)$$

$$1000 \div 4000 \times 100\% = 25\%$$

此时经营的咖啡店每天可以赚取的利润是 1000 元,利润率是 25%。如果想要提高咖啡店的利润,根据上述公式,可以通过三种方式来实现:一是提高价格,二是降低成本,三是提升销量,见图 3-1。这一方式也适用于各种商店或企业经营。

提高门店经营利润的三种方式：提高价格、降低成本、提升销量。

图 3-1　提高门店经营利润的三种方式

其实在咖啡店的实际经营中，并不一定只通过其中一种方式来实现提高利润的目的，甚至可以在降低成本、提高价格的同时，还能提升产品的销量，当然这种情况是很难做到的。这里就从比较简单的情况来进行讨论，首先假设销售拿铁咖啡的成本和销量是固定不变的，将咖啡的价格提高 2 元，也就是 20%，下面再来计算一下咖啡店每天的经营利润：

$$(12 \times 400) - 1000 - (5 \times 400) = 1800(元)$$

$$1800 \div 4800 \times 100\% = 37.5\%$$

下面再来假设销售的拿铁咖啡的成本和价格是固定不变的，咖啡的销量提高 20%，也就是每天销售 480 杯拿铁咖啡，下面再来计算一下咖啡店每天的经营利润：

$$(10 \times 480) - 1000 - (5 \times 480) = 1400(元)$$

$$1400 \div 4800 \times 100\% = 29.17\%$$

通过计算可以发现，将产品价格提高 20% 后，咖啡店每天的经营利润可以提升 12.5%。如果提升 20% 的销量，则只能提升 4.17% 的利润。由此可见，提升产品价格可以更好地提升经营利润，这一效果显著超过提升产品销量。

在企业经营中，如果企业能做到在不影响产品销量的情况下提高价格，那么企业的利润就可以轻松实现大幅增长，这也是很多品牌在经营中都喜欢提价的原因。另外，企业品牌越大，产品销量越高，提升产品价格给企业带来的利润增长越明显。比如定价 9.9 元的产品，稍微提升一点点价格，变为 9.99 元，这点细微的变化对于消费者来说几乎是微不足道的，但是当产品销量达到几十万、上百万以后,这一点小小的价格提升就可以给企业带来明显的利润增长,这就是产品价格对于调节企业利润的重要影响。

第二节 先有产品定位,后有合理定价

前面已经明确,产品价格变动可以对企业经营利润造成十分重要的影响,下面需要继续思考的问题是,企业究竟如何进行产品定价,才能在利润增加的同时,还被大多数顾客所接受,防止因为产品价格提升而造成产品无人问津的情况出现。想要解决这一问题,需要从企业产品的定位中寻找答案。

一、产品定位对定价的影响

在企业产品销售中,可以发现产品市场定位往往会对消费者是否愿意接受产品价格产生十分显著的影响。用上一节内容中的经营咖啡店继续举例,如果想要在店内出售一些咖啡豆,那么应该如何对其进行定价呢?

假设店内现在有如下几种产品,咖啡豆定价是 32 元一包,速溶咖啡定价是 16 元一包,瓶装咖啡饮料的价格是 8 元一瓶,现磨咖啡的价格是 10 元一杯,见图 3-2。

图 3-2 咖啡店产品的不同定价

如果将咖啡豆和速溶咖啡产品一起出售的话,消费者会发现速溶咖啡产品的价格比咖啡豆要低一半,那么咖啡豆就很有可能遇冷,因为价格对比是十分直观的。同样是需要自己冲饮,消费者更愿意选择价格更为便宜的速溶咖啡。

下面换一种思路,如果将咖啡豆和瓶装的咖啡饮料摆放在一起进行出售,

消费者就会发现，购买一包咖啡豆的价格约等于购买四瓶咖啡饮料，而一包咖啡豆大约可以饮用10次。这样算来比购买咖啡饮料合算很多，消费者购买咖啡豆的意愿就会明显增强。

由这个案例可以发现，同样的产品，同样的定价，却会因为对标产品不同，也就是产品的定位不同而产生不一样的销售效果。这个规律值得深入思考。

二、利用产品定位进行合理定价

人们发现，在实际消费场景中，消费者往往在第一次接触一种新产品或新服务的时候，对其确切的价值并没有一个十分准确的概念，因此消费者习惯于将新接触到的产品和自己已知的产品价格进行对比，以此来分析新产品的价格。这是企业对自己的新产品进行定位需要格外关注的点。如果产品能够和另一种更贵的类似产品建立某种程度的联系，消费者往往就会以更加昂贵的产品作为对比价格的基准，从而提高对新产品的价格预期。

对于任意一种产品和服务，上述定价规律往往都可以奏效，因为人们习惯性地通过对比来分析一款产品价值几何。作为产品的供应方，在为消费者提供产品的同时，也得为消费者同步提供一个可以供消费者进行价值评估的"标杆"，为消费者提供购买它的参考依据，这也就是对产品进行定位。

其实，消费者所做的每一个购买决策，背后往往都蕴含着深层次的原因，有些是消费者主观上能够意识到的，有些是消费者潜意识中形成的。那些容易被消费者忽视的一小部分原因，就是企业利用其进行产品定位的绝佳机会。不同的购买原因，对应着市场上不同的竞争对手，如何选择能突显产品优势的竞争对手，这就是进行产品定位的要旨所在。

例如，消费者进入咖啡店想要购买咖啡，其实他们有很多种选择，比如选择一杯现磨咖啡在店内饮用，也可以选择速溶咖啡在自己需要的时候随时饮用，还可以选择咖啡饮料随身携带。对于想要出售的咖啡豆产品来说，这些产品都属于竞争对手产品。

不同的竞争对手产品都有各自的价格区间，有时这些产品的价格区间相差还很大，这就考验企业如何巧妙地选择产品的对标价格区间了。如果选择了合适的竞争对手产品，并依据该产品来进行市场定位，那么往往可以帮助企业得到一个和产品现价完全不同的定价，这就是企业轻松改变产品利润率的契机。

三、找到合适的对手就找准了产品定位

下面就来说说如何将产品定价要点切实地运用到企业的经营活动中。可以通过制作产品收益表的方式来帮助企业进行产品价格的合理定位。

第一步,站在消费者的角度,对产品能提供的价值进行分析,并填写在表格之中,比如产品可以带给消费者愉悦、便捷等不同的体验。

第二步,从自身产品可以提供的价值中选择一种,以此为基础扩展可以带给消费者同一种收益的其他产品,这是筛选合适竞争对手的必备基础。只要找出能够和自身产品提供的价值或服务类似的产品,就能够从中找出价格更高的产品类型。

第三步,通过对产品的合理定位,使自己的产品可以和那些价值更高的产品进行对标,这样就很有可能为自己的产品争取到更高的价格。从上述竞争对手中,可以根据需要确定对标产品,争取在合理的范围内提升产品定价。

通过本节内容的介绍大家可以认识到,消费者对一款新产品的价格判断具有比较强的主观性,而且很容易受到销售环境的影响。如果企业把自己的产品与更加昂贵的竞争对手产品进行对比,不仅可以适当提高产品的定价,往往还可以明显激发消费者的购买热情。这一规律是企业对产品和服务进行定位、定价以及市场营销的重要诀窍。

第三节 从成本出发定价

在给产品进行定价的时候,肯定需要确定产品的最低售价,这也是给自己制定的底线价格。只有不低于这一价格出售,才能保证售出产品不亏损。按照一般印象,最低售价往往和成本价格息息相关,也有很多人简单地认为最低售价就是生产成本价格,只要比成本价格高,就"不亏本"。这种制定最低价格的方法在实际的产品定价中是否适用呢?本节内容就来讲一讲从产品成本出发制定最低价格的方法。

一、如何进行产品定价

对于市场上大多数产品来说,只要设备安装到位,后续进行生产时,各种

原料产生的花费并不算太多,很多产品的成本价格只占售价的一半。但是如果真的按每个产品的材料费用来进行定价的话,企业可能就会面临重大亏损。因为在产品投入生产之前,还需要有很多前期投入,比如模型设备投入、生产线搭建投入等,这些都是企业在生产产品之前必须进行的投入,而且资金成本也不低。

此外,产品投入市场之后取得的销量,对于企业产品定价也有相当大的影响。如果产品能顺利地被消费者接受,甚至风靡市场,那么企业在成本方面可以节约很大一部分广告开支。如果产品没有受到消费者的欢迎,那么企业很可能需要花费昂贵的广告费用来进行推销,具体需要花费多少还需要依据实际的推销效果来决定,所以企业产品成本的构成是十分复杂的,而且往往充满着不确定性。

由此可见,制定产品的最低价格其实是一个很复杂的问题。如果只是计算产品本身的成本价格,那倒是十分容易,然而企业必须要在价格中保留更多的利润空间,这样才能抵消企业购置生产设备和广告营销等必须花费的成本。企业购置多少生产设备,以及花费多少用于广告营销,还要取决于企业的销售能力。在定价的过程中,需要综合考虑产品生产的这两部分成本,产品生产所需花费的成本,可以称为固定成本。随着产品销售的实际情况而产生变化的成本,称为可变成本,见图3-3。

图3-3 产品最低成本组成

企业对产品制定最低价格,并不是一件简单的事情,企业到底能通过产品销售获取多少利润是一个不确定的数值,因此只根据产品所需的成本来设定企业产品的最低价格,在实际经营中是很难实现的。

二、成本只能决定定价的底线

在很多企业看来，计算成本的目的可能就是为了制定价格。的确，成本的计算对于产品定价来说十分重要，但是仅仅计算成本还不足以帮助企业制定产品的最终定价。计算出产品的成本，以及广告费等基本成本，只能帮助企业确定价格的底线，如果按照这个价格为产品定价，明显是不合适的。

合理的产品定价方式应该把产品的销售量因素也纳入考虑的范围，因为每次进行产品销售，都会给企业带来更多的可变成本。但是，企业不可能确切地预知到底可以卖出多少产品，而且企业能够卖出的产品数量还会受到定价的影响。这样看来，企业精准地确定产品的定价几乎是不可能的。不过，这也不是完全没有可以解决的办法，企业可以找到几种设置产品定价的思路。

综上所述，企业产品定价的关键在于最终能够售出的产品数量，如果可以更加准确地预估产品的销量，那么对于企业定价来说就是十分有利的。企业可以通过预估销售量的方式，为产品选择合适的市场定位，再依据产品的生产以及对应的营销成本来制定产品的最低价格。

举例来说，预计企业产品刚刚进入市场，短时间内无法获得巨大的销量，可以选择暂不扩大产品的生产线，并选择进入小众消费场所进行售卖，节约一定的营销成本。以上这些对于产品销售情况的预估，可以为产品定价策略提供重要的依据，帮助理清产品的成本结构，不过这只是产品定价过程的基础。

如果这个时候急于在产品基础成本之上加上想要获得的利润，得出产品定价，那就可以肯定这样的定价还远远没有实现产品盈利能力的最大化。其中的关键问题在于没有对产品提供的资本进行充分的利用，而且更为重要的是，产品价格在消费者的眼中代表着市场信号，这就必须引起企业的重视，不可随意进行产品定价。

何为产品定价所代表的市场信号呢？假设产品定价只包括产品中各种原材料的价值，看似定价很低，但是实际上在消费者的眼中，他们认为自己购买产品的理由是不那么充分的。因为消费者会认为自己购买这件产品无非就是帮助他们省去自己加工材料的麻烦，不包括其他的价值，这就很难调动消费者购买的热情。适当的产品定价则可以让消费者更加清晰地感受到自己购买产品的理由，感受到产品和服务背后更大的价值。因此，企业在制定产品最低价格的时候，需要把产品或服务能够为消费者提供的价值考虑在内，不能只单纯计算制作产品所付出的基本成本。

综上所述，进行产品最低定价的过程中，不能只把成本当作定价的唯一依据，成本对于产品定价的意义来说只是提供了定价的底线。在产品价格的制定中，既要计算固定成本，也需要对产品的可变成本进行估计，不能忽略掉二者中的任何一个，也不能把二者混为一谈。这一点对于企业在产品定价过程中实现利润最大化具有十分重要的意义。在定价的过程中，至少要保证产品价格能够和产品的可变成本持平，否则制定的产品价格是不合算的。

第四节　消费者心理与产品定价

产品定价不仅与产品成本和产品的预计销量有关，在产品定价的实际环节中，这一价格往往还和消费者的心理具有十分密切的关系。把握了消费者对产品价格判断的有关心理，可以制定出更有优势的产品价格。本节内容就来为读者解释消费者心理与产品定价之间的关系。

在企业的实际生产环节中，往往不只生产一种产品，而是会生产同一种类但是各具特色的多种产品，而且每种产品的价格也是不同的。消费者或许不会直接告诉经营者自己的消费心理，但是通过观察他们做出的商品购买决策，就可以分析出不同消费者的消费心理差异。这个消费心理差异，就是对不同产品进行分别定价的关键所在。

一、价格与消费者需求的关系

可以将产品定价的问题先概括成价格与消费者需求之间的关系，这样方便直观地分析二者之间的联系。显然，可以通过传统方式来解决这个问题，即通过绘制"需求曲线"来判断消费者需求与产品价格之间的关系，见图3-4。

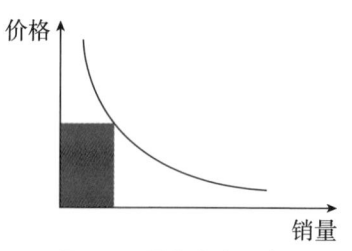

图3-4　需求曲线示意图

需求曲线的绘制原理是十分浅显易懂的，产品定价越便宜，消费者的需求就越大；产品定价越贵，消费者的需求就越小，图中灰色部分代表的是企业销售所能取得的销售收入。但是，需求曲线的两种极端情况是需要注意的：第一，企业绝不能为了追求更大的销量而一味地降低产品定价。因为如果定价太低，卖掉的产品数量会增加，但增加的这部分带来的利润不一定能够弥补定价过低带来的损失。第二，企业也不能因为追求单件商品的利润而将产品价格定得太高，这样很可能导致产品销路极差，企业获得的总收益还是太少。

在需求曲线理论中，企业可以在最高价和最低价之间，选择一个最理想化的能够给企业带来最多经营利润且最能获利的价格。具体如何定位这一价格，可以通过大量的市场调研得出结论。

二、跳出传统理论看定价

如果顺着传统的需求曲线理论对产品定价进行分析，可能会觉得顺理成章，但实际情况往往并不如假设中的理想。首先，消费者自己愿意为商品支付的价格实际上并不是固定的，大家在实际购物中往往也有所体会，其中有很多内在和外在因素都可能影响到消费者愿意为产品支付的心理价位，比如自身的消费习惯、身边人的影响，还有消费者购物时候的心情，这些因素往往都是不确定的。

另外，还有一个十分重要的问题，那就是不同的消费者愿意为商品支付的价格是不一样的，如果定价迁就了一方，则很有可能导致失去另一方。

这一问题的确不好解决，因为销售人员也不可能根据每一位消费者的意愿不停地修改商品价格。但是可以从消费者心理的角度来对产品定价进行另一种思考，一部分消费者之所以愿意出更高的价格购买产品，是这部分消费者比其他消费者更看重产品的某些品质，而这部分品质正是他们所需要的，因此他们才愿意出更高的价格来购买商品。如果企业对消费者心理进行分析的时候能够找出这些品质具体是什么，那么企业就可以针对不同消费者的需求扩展产品的不同种类，不同品类产品的定价可以多种多样。这样一来，每位消费者都可以找到最符合自己需求的产品，并为产品支付自己认为适当的价格，企业的收入也可以最大化。

要实现上述定价方式，企业需要通过市场调查发现多数消费者的心理需求。企业要了解消费者的心思，需要分析消费者行为背后的真实想法，找到决定消费者选择不同产品的心理差异究竟是什么。

三、根据不同消费者的心理实施差别定价

需要强调的是，这里所说的根据消费者需求的差异制定产品的不同售价，并不是经济学专业领域中所指的"纯粹的差别定价"。经济学中的纯粹差别定价，意思是同一商品有不同的价格，而这里所说的制定产品的不同售价，则是和不同品质的产品一一对应的。这就好比精装书和平装书的区别，尽管图书内容并无差别，但是精装书更加精致的装裱具有更高的价值。这样定价的好处还在于，想要购买高品质商品和购买平价商品的消费者都得到了满足，企业也同时赚取了来自这两类群体的利润。

因此，企业可以通过提供多种产品和多种价格，让消费者根据各自的预算去选择购买。除此之外，企业还可以通过市场调研的方式来对大多数目标消费者意向中的价格区间进行估算，以此来确定不同的价格等级。如果企业对于消费者的心理价格处于毫无头绪的状态，也可以通过制定比较宽泛的价格区间的方式来进行试探性产品定价，逐步探知消费者的具体需求。现在再来看看需求曲线的变化，见图3-5。

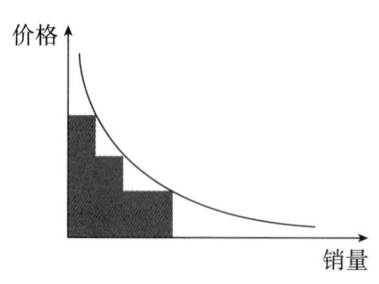

图3-5　实施"差别定价"后的需求曲线示意图

如图3-5所示，这样进行产品定价后，企业通过销售产品获得的总收入就不止是之前的一个长方形的面积，而是三个长方形面积的总和。从图示中也可以十分直观地看出，这样定价可以大大提升产品销售的总收入。

四、对"差别定价"法的总结

最后，再来总结一下根据消费者心理分别制定不同产品价格的方法。

不同顾客对于同一种产品的预算往往不同，也就是说他们愿意为产品支付

的价格是不同的。企业为了通过定价的方式尽可能地实现利润最大化，让更多的顾客都可以买到自己心仪的产品，需要设计出多款价格档次不同的产品供顾客自主选择。这样，愿意支付更高价格的顾客可以购买到品质更高的产品，这就是本节内容介绍的"差异化定价"方法的核心。

使用这种方法进行产品定价，最重要的是要弄清楚两点：第一点是产品主要顾客群体愿意支付的价格范围；第二点是顾客比较关心的、可用作产品区分的因素都有哪些。

一方面，企业可以通过大量的市场调研来找出这两个问题的答案；另一方面，企业也可以站在顾客角度，分析他们选择不同定位产品的原因。这个方式还有个学术名称，叫作"价值建模"，可以帮助企业更好地确定不同因素在顾客心目中对应的产品价值。通过实施"差异化定价"，企业可以获得比单一定价方式更为丰厚的利润。

第五节　市场竞争与产品定价

企业在市场中进行经营，不可避免地要面临来自同行业竞争对手的攻势，在这个过程中，企业也可以通过调整产品定价来应对。本节内容就来分析一下市场竞争中的进攻与防御和产品定价之间的关系。

首先，竞争带给企业的不一定都是压力，任何事物都具有两面性，市场竞争也不例外。如果企业销售的产品非常有优势，那么竞争对手反而可以成为衬托企业产品的好帮手。另外，竞争对手的一些商业行为，也可以为企业经营提供借鉴。从消费者的角度看，市场上更多种类的产品，也会让他们可以更加放心地选购。

同样，竞争在一定程度上也会给企业带来风险。比如，当市场上存在大量同类型的产品时，消费者往往第一个关注的就是产品价格，这就导致企业和其他同类竞争产品被迫进行低价比拼，长此以往，不论是自己还是竞争对手，都损失了经营利润。

为了尽可能地避免这种糟糕的情况发生，企业需要争取让产品的其他方面在市场竞争中脱颖而出，摆脱低价比拼的恶性循环。最容易想到的方式，就是给产品增添新特性。比如，可以给产品设计比较少见的包装、尺寸等，这样顾客就不容易直观地和市场上的大多数产品进行比较。再比如，企业也可以推出除了降低价格之外的其他优惠方式，比如给顾客提供七天无理由退换货服务等，以此来吸引顾客。

通过产品定价的方式来参与市场竞争，其实不外乎降低成本或降低价格这两种，不过在实际经营中还需要讲究一定的技巧。下面具体介绍一下企业如何通过调整产品定价在市场竞争中为自身争取有利的条件，见图3-6。

1. 通过低价抢占市场份额
2. 改变产品定位争取高利润

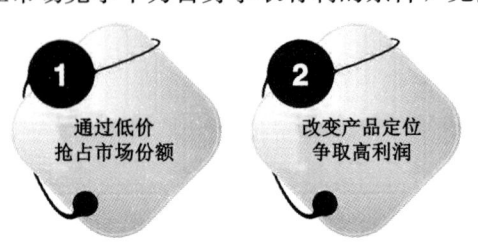

图3-6 通过调整产品定价参与市场竞争

一、通过低价抢占市场份额

如果企业在市场竞争中想要占据主导地位，其中有一个十分关键的问题，就是要避免消费者不停地在产品之间进行横向比较。因为这样的比较不论是对于企业还是竞争对手来说，都施加了极大的压力，迫使二者进行更为激烈的行业内竞争，同时降低二者在经营中可能获得的利润。

所以，企业需要尽量采用其他方式为自己争取到更多的竞争优势，比如通过调整价格定位、调整产品尺寸、调整推广力度等。如果企业生产的产品与竞争对手的产品差异较小，一定要弄清楚企业产品最大的优势在哪里，这是企业在市场竞争中取得胜利的基础。

在所有这些竞争方式中，这里要介绍的第一种，也是最容易理解的一种，就是通过低价抢占市场份额的方式。如果企业的产品和同类产品在品质上十分接近，但是可以给出更低的价格，那么消费者选择企业生产的产品的可能性无疑会大大增加。

需要注意的是，使用低价的方式也不一定就能有效地让消费者从原来习惯购买的品牌转移到自己的产品上来。决定消费者是否愿意这样做的关键，是消费者对原品牌的忠诚度，还有产品价格差对于消费者的可支配收入而言是否重要。如果目标消费者群体是高收入群体，只是一点点的价格差对于他们来说可能微不足道，这一点在设定产品新定价的时候需要仔细分析。

二、改变产品定位争取高利润

如果企业产品的生产规模和销量都不大,低价竞争往往不会带给企业更多的收益,这时可以选择推出具有附加收益的高利润产品,帮助产品在市场上建立更大的竞争优势,同时也为企业争取更多的利润。

具体来说,企业可以为产品选择一个能为产品带来收益的主要优势,并尽可能地提升这方面的优势,争取超越市面上的其他竞争对手。优势产品的目标顾客就是对这方面优势格外关注的人,他们愿意为这一优势支付更高的价格。比如超市中出售的有机蔬菜,就是一个很好的例子。有机蔬菜的品质高、数量少,在超市中的定价比普通蔬菜要高不少,但是在关注饮食健康的消费者眼中,他们乐于购买这种蔬菜,因此即便价格昂贵,有机蔬菜的销路还是十分兴旺,为超市带来了更多的收入。

此外,企业还可以为产品增加一些附加收益,以此来吸引顾客购买。一般来说,这种方法主要应用在服务市场,比如为顾客提供更多种类的服务,可以对顾客选择产生比较明显的影响。企业增加自己提供的服务是比较容易实现的,如果一款产品要引入新的生产过程,则需要巨大的投入。

三、定价方法的综合运用

企业在市场竞争中完全可以把低价竞争和高利润竞争两种策略进行整合,确定一种主要的策略,然后用另外一种作为辅助。

比如,企业选择低价竞争的方式作为主要的市场竞争策略,那么愿意选择更高品质产品的顾客也不用放弃,企业可以同步推出品质较高的同类产品供这类消费者选择。如果企业想要采取高利润策略参与市场竞争的话,也可以开发一些大容量的优惠产品,在品质较高的市场上尝试吸引顾客。

总结一下,企业在市场竞争中可以通过改变产品价格定位来参与竞争,对标自己竞争对手的产品,将自己生产的产品定位为质量更高但价格也更高的产品,或者质量接近但价格较便宜的同类产品。消费者在产品之间进行比较是不可避免的,但企业可以在产品中尽可能突显比竞争对手更有优势的方面,这样更容易获得消费者的青睐。

在面对市场竞争的时候,如果不是必要,尽可能不要使用直接降价的方式,因为单纯的价格战对于所有的竞争者来说都不是一件好事。可以采取对产品重新定位的方式来占据市场份额，从而避免单纯的价格竞争，同时利用这种良性的竞争提升销售收入。

第六节　特斯拉的定价逻辑

在汽车市场上，降价销售其实是一种比较常见的现象，但是像特斯拉汽车降价如此频繁的案例却是很少的。汽车销售其实并不只有降价一种方式，比如丰田汽车在美国市场上推广雷克萨斯时，起初是以35000美元的低价进入的，这一定价方案是为了争取更大的美国市场。当雷克萨斯第一年的销售业绩达到预期之后，在美国消费者中的口碑也已经树立起来，雷克萨斯就宣布提价，这并没有打击消费者的购买热情，反而进一步激发了消费者的购买欲望，第二年的销量比第一年提高了数倍。在此后的6年中，雷克萨斯的价格共计上涨了48%。雷克萨斯汽车的定价方式叫作渗透策略，先以较低的价格让一批客户尝试自己的产品，以打开一个新的市场。当产品收获了消费者的认可之后，市场份额就会逐步扩大，再慢慢提升产品的价格，从而为企业赚取更多的销售利润。

与雷克萨斯的策略不同，特斯拉采用的是一种逐步降价的定价策略，两者几乎是背道而驰。在特斯拉汽车定价策略的背后，究竟有什么样的用意呢？

一、特斯拉的定价方式

特斯拉汽车的定价策略是先用一个特别高的价格进入市场，再慢慢降低汽车的定价。在特斯拉汽车刚刚进入市场的时候，价格有上百万元之高，而到了今天，30万元上下的特斯拉汽车已经在市场上横行，而且30万元的特斯拉汽车可能在一些配置上也不输于当初的高价车型。特斯拉的这种定价方式，可以叫作撇脂定价。

特斯拉之所以使用这种定价方式，并不是特斯拉汽车本身有什么问题，而是主要因为电动汽车市场形势的特殊性。电动汽车和传统的燃油汽车不一样，这种汽车刚刚进入市场的时候，技术还很新颖，需要持续开发，而且多数消费者也不会把电动汽车完全视作燃油汽车的替代品，因此这二者在定价策略上还是有很多不同之处的。

在电动汽车刚刚进入市场的几年里，消费者对于这种新产品的接受度远远不如今天。愿意购买这种产品的人数很少，而且往往都是经济富裕并愿意尝试新产品的人。而可以买一辆新汽车作为尝试的人群，通常就是人们所说的"不差钱"的客户群体。特斯拉汽车刚刚上市的时候产量小，研发成本很高，所以定价高，而且产品定位也是针对那些经济富裕的顾客群体。

电动汽车和传统燃油汽车的区别也是很明显的，传统汽车的功能就是代步，而刚刚上市的电动汽车在很多人心中就是一款高科技产品，除了代步功能之外，它多了附加的属性，也给予了消费者心理层面的功能。其实电动汽车和传统汽车之间的关系十分类似于传统手表与智能手表之间的关系，富裕阶层的人会选择佩戴劳力士体现自己的身份地位，但他们也会购买智能手表，不过对于他们来说，这不仅仅是一块手表，更多地是一款"智能产品"。

选择电动汽车也是一样，在一款代步汽车之外，对于早期花高价购买特斯拉的顾客来说，他们购买的是一种"高科技产品"，而不仅仅是一辆实用工具。不过尽管如此，早期购买特斯拉的顾客肯定还是对特斯拉的降价行为颇有微词，因为他们觉得自己花了"冤枉钱"。不过站在商业角度上来分析，特斯拉的降价策略就比较容易理解了。

二、特斯拉定价背后的逻辑

特斯拉定价背后的逻辑有三点，见图 3-7。

1. 争取更大的市场空间

当电动汽车技术发展比较成熟后，想提升销量是顺理成章的事情，特斯拉也具备这样的生产能力。但是问题来了，如果特斯拉保持原有的价格不变，那么想要把生产出来的汽车都销售出去，几乎是不可能的事，因为富裕阶层只是人群中的少数。想要有效提升汽车的销量，就必须想办法让产品进入售价在 30 万元以下的"大众化"汽车价格带，这样才能让更

图 3-7 特斯拉定价背后的逻辑

多的消费者考虑购买特斯拉汽车，这一改变可以为特斯拉带来数十倍的销量增

长。如果特斯拉坚持原来的价格，那只能成为富裕阶级的专属。这样对比起来看，还是让产品进入"大众化"汽车领域能为特斯拉带来更多的利益，品牌做出这样的选择也就不足为奇了。

2. 增强品牌竞争能力

特斯拉汽车降价也不仅是为了争取更大的市场空间，同时也是为了应对来自其他竞争对手的压力。2022年以来，我国电动汽车市场上出现了很多后起之秀，而电动汽车市场其实还没有形成根深蒂固的品牌、技术等壁垒，新崛起的电动汽车品牌都有和特斯拉较量的机会。如果特斯拉汽车还是继续保持过高的定价，恐怕大众化电动汽车的市场就会被竞争对手毫不留情地一抢而空。因此，特斯拉汽车选择通过降价来提升自己的市场份额和销量，同时增加品牌在行业中的竞争能力。

3. 经验曲线降低产品成本

特斯拉汽车降价，也有一部分因素是受到了"经验曲线"的影响。经验曲线的概念本书已经介绍过，简单来说就是随着企业产品产量的提升，生产所需的成本会同步降低，这种降低既来自规模效应，也和经验积累带来的生产效率的提升有关，再加上多年来的技术升级，也可以提升产品的生产效率。这一规律对于特斯拉汽车的生产来说是十分符合的，因此电动汽车作为以科技为核心的产品，生产成本必然会随时间和技术的发展显著降低，而且新推出的产品性能也可以获得大幅度提升，这和智能手机更新换代的原理是一样的。因此，经验曲线也是特斯拉汽车频繁降价的主要原因之一。

第四章　寻找企业颠覆式盈利的黑模式

随着市场经济的发展,企业面临的市场竞争越来越激烈,多数企业想要增加自己的经营收入正在变得越来越困难。有没有一种颠覆式的方法,可以帮助企业打破经营常规,让企业获得突破式的利润增长呢?本书介绍的"黑模式"就是这样一种方法,它可以帮助企业寻找属于自己的颠覆式盈利方法。从本章开始,将正式为读者介绍这一"黑模式"。

第一节　模式思维的重要性

这里先不急于介绍"黑模式"的内容,具体内容会在后续章节中慢慢展开。在此之前,需要先明确"模式思维"的概念,这对于真正掌握"黑模式"这种商业经营方法才是最为重要的。

一、何为模式

提到"模式"这个词,可能大家会一下子联想到许许多多的内容。"模式"一词在我们的生活中出现的频率很高,在企业经营中也会提及经营模式、管理模式、生产模式、销售模式、服务模式等(见图 4-1),涵盖的内容甚广。即便如此,还是要对这一大家耳熟能详的词语进行更加具体的定义。

图 4-1　企业经营中可能涉及的各种模式

"模式",指的是事物间隐藏着的关系和规律。"模式"可以概括的事物不只限于具有实体的物体、图形、文字,也包括各种抽象的思维关系,各种规律都可以通过"模式"来进行总结,这也是"模式"一词的应用可以这样广泛的主要原因。

模式本身更加侧重于表示形式上的规律,也就是让人能直观感受到的规律。模式在很多情况下都来自前人积累的经验,人们对这些经验进行总结、概括、归纳和升华,最终就可以得到模式。可以把模式理解成在重复出现的事件中被发现和抽象出来的规律,这种规律可以用于解决问题和付诸实践。

如果身边有一类问题经常出现,人们常常使用一种方式来解决这类问题,那么就可以概括出解决问题的方案核心,将之总结成为一种模式,这样下次需要解决这一问题的时候,就可以直接套用模式,更加高效地解决遇到的问题。

在不同的领域都会有模式出现,工业、商业、设计行业、学术领域等,只要一个领域逐渐发展走向成熟,就会自然而然地出现各种各样的模式。模式可以为人们提供有效的参照性指导,让人们更加高效地完成任务。有了模式,就相当于有了一个既定的思路,顺着这个思路,人们可以快速找出解决问题的方法,取得事半功倍的成效。

二、商业模式

各个领域都会形成各自的模式,本书介绍的"黑模式"就属于商业模式的范畴,因此下面着重介绍一下商业模式的概念。商业模式这一词语对于创业者、企业经营者以及风险投资者来说绝对不会陌生。因为商业经营的成功一定离不开优秀商业模式的保障,如果是自主开发出一种新的商业经营方法,也会被后来者精心总结,形成一种可供参考的商业模式。

所谓商业模式,其实就是企业赖以经营并盈利的方法。比如,商店通过出售商品来赚钱,咖啡店通过卖咖啡来赚钱,快递公司通过物流来赚钱等,这些都属于商业模式。可以说,哪里有商业经营,哪里就有商业模式。

如果要确切地给商业模式下一个定义,其指的是包含多个要素及要素间关系的工具概念,可以说明某领域中遵循的商业逻辑。商业模式表明企业可以为客户提供的价值,还可以说明企业的组织架构、伙伴关系等所有与企业创造价值有关的要素。

商业模式是从企业经营实践中总结归纳出来的实践性规律，成熟的商业模式往往会得到行业中大多数企业的认可和实施。大家可以发现，在市场中，很多同行业企业在经营中遵守的商业模式都是差不多的。这是因为成熟的商业模式基本上可以为企业解决大多数经营中可能遇到的问题，并可以让经营者顺着正确的思路进行企业经营，降低经营过程中面临的风险，提高企业经营中可能获得的收益。

三、模式思维在企业经营中的重要性

模式思维在生活中的方方面面都可以发挥作用，它可以指导人们的生活和工作。因为当人们在生活中遇到问题的时候，可以选择一些形成成熟体系的固定模式来应对，提高应对问题、解决问题的能力和效率。在企业经营中，模式思维往往可以提供更多的帮助。在很多传统行业的企业经营过程中，往往已经形成了比较成熟的经营模式，只要按照这一模式按部就班地进行经营，就可以获得一定的收入，从而避免了探索经营模式过程中可能遇到的各种风险和问题，提高获得的收益。

但是，这里所说的模式思维，指的是学会应用各种经营模式的思维，而不是用现成的模式将自己束缚住，限制自身发展的刻板思维。

随着市场经济的发展，与以往相比，企业在追求利润最大化方面的渴求日益提高，各行各业的竞争也有愈演愈烈的趋势。如果继续按照原有的经营模式来按部就班地进行经营和管理，那么大多数情况下即使付出努力，也很难摆脱激烈的行业竞争以及越来越缩水的经营利润。要想解决这一问题，只有跳出原有的经营模式，用创新性的思维来解决企业经营面临的种种问题。本书将这种颠覆性的企业经营模式称之为——黑模式。

本书介绍企业经营黑模式，是为了向读者展示一种可以跳出固有经营思维模式的企业经营方法，帮助企业管理者和投资者掌握一种新的企业经营思路，将其基本原理运用于经营管理的实际行动中，带领企业创造更大的价值，赚取更多的经营利润。

第二节　企业模式与行业领导力

企业模式就是企业的经营模式，不同行业的经营模式不尽相同，在同一行业中，各个企业有时也会采用不同的经营模式。不同的经营模式决定了企业的盈利模式，甚至决定了一家企业的盈利能力和盈利的上限，因此对企业模式的研究是研究企业颠覆式盈利模式的关键，掌握了正确的企业模式，就可以更快地实现企业盈利的跨越式提升。

企业模式不仅仅与企业的盈利能力息息相关，还与企业所处行业中的领导力具有相当程度的联系，本节就来为读者揭示企业模式对企业盈利能力以及行业领导能力的影响。

一、企业模式的概念

企业模式，即企业的经营模式，是根据企业的经营宗旨，为了实现企业的价值定位所采取的一系列方式的集合。企业模式主要包括企业的业务范围、在产业链中的位置和实现企业价值所采取的方式方法等。由此可以看出，企业模式是应对市场经营的一种范式，它可以有效地帮助企业实现自己的经营目的。

企业模式将企业经营管理活动的方方面面都包含在内，比如企业的设计活动、管理活动、生产活动、销售活动以及企业的辅助活动等。根据企业模式的不同组合，可以概括出八大类企业模式，分别为销售型、生产型、设计型、销售＋设计型、生产＋销售型、设计＋生产型、设计＋生产＋销售型以及信息服务型。下面对这些企业模式一一进行介绍。

1. 销售型企业模式

销售型企业模式主要是进货和销售产品，一般涉及各种经销商或代理商，其利润主要来自销售额，因此销售能力就是企业最主要的能力。销售型企业的经营模式比较简单，不需要参与生产、设计，也不需要为顾客提供过多服务。

2. 生产型企业模式

生产型模式的企业一般是位于产业链中下游企业的供应商，企业需要根据客户订单进行产品加工和生产。产品制作完成之后，可以贴上其他企业的标牌进行销售，企业不会对产品的销售环节和设计环节过多涉足。生产型模式的企业，需要有较强的制造能力，还需要保证产品质量，降低产品成本，最好在产业链中具备一定的竞争优势，这样才可以尽可能多地为企业赚取经营利润。

3. 设计型企业模式

设计型企业主要通过设计来维持企业经营，不涉及企业的生产和销售环节，比如从事软件设计、产品设计、包装设计等，企业需要维持一定的设计水平来保证企业的经营收益。

4. 设计＋销售型企业模式

这种类型的企业不会涉足产品生产领域的业务，只负责设计和销售环节。一般来说，企业会根据顾客的需求进行相应的产品设计，然后再通过代工厂进行生产，生产之后企业自己进行产品销售。企业需要具有很强的设计能力和销售能力，除此之外，还需要有知名度较高的品牌，这样产品才能有广阔的销路。这种企业和市场的联系是十分密切的，而且对市场的动态以及顾客的需求都非常敏感，这样企业才能以最快的速度响应消费者的需求和市场的变化。在实际的市场环境中，这类企业的数量也是非常多的，比如戴尔公司和耐克公司都属于这一类型的企业。

5. 生产＋销售型经营模式

这种经营模式的企业在市场上是最常见的，企业主要负责生产和销售环节，但不进行产品的设计工作。由于从事这一经营模式的企业数量很多，因此企业之间的竞争也十分激烈。此类企业比较擅长的是对行业中的领导者进行模仿，当领先者推出新产品后，往往会进行模仿和改制，向市场推出大量类似的产品。

6. 设计＋生产型经营模式

设计＋生产型经营模式就是企业只从事产品的设计环节和生产环节，自己设计、自己加工生产，将产品销售交给其他企业来完成。这类企业需要比较强的设计能力以及生产能力。

7. 设计＋生产＋销售型经营模式

这也是很多企业习惯使用的经营模式，需要企业具备一定的新产品开发能力以及生产制造能力。企业需要根据当前市场上消费者的主流需求，自己开发出新的产品，并且有能力生产自己开发出来的新产品。最后，企业还需要通过比较成熟的营销体系建立企业客户群体，完成产品的销售。

8. 信息服务经营模式

信息服务类企业的典型代表就是咨询公司，这类企业不涉足所有生产制造等活动，也不属于设计类型的范畴。企业主要从事为顾客提供信息服务和决策咨询，比如帮助企业进行管理规划、提供员工培训等。

二、企业模式与行业领导力的关系

不论采用哪种企业经营模式，其目的都是为了帮助企业更好地实现自身的价值，不同的经营模式也会对企业在行业中的领导力起到不同的作用。企业经营中可以形成较强行业领导力的经营模式大致有成本领先模式、差别化模式以及目标集聚模式这三种（见图 4-2），这三种模式对企业在行业中的领导力具有较强的影响。

1. 成本领先模式
2. 差异化模式
3. 目标集聚模式

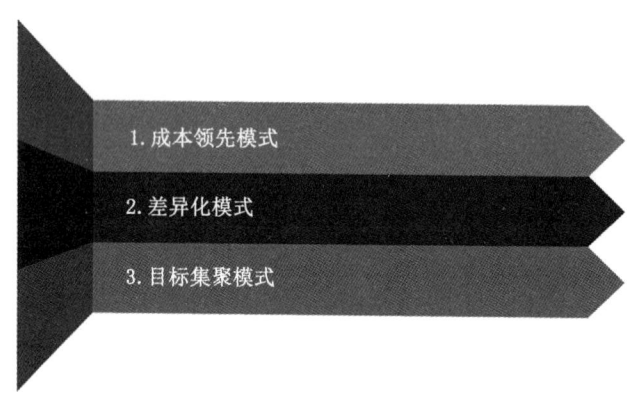

图 4-2　具有较强行业领导力的企业经营模式

1. 成本领先模式

成本领先模式，即企业挖掘和利用自身所具有的一切资源优势，在行业内保持整体成本优势，这样就可以以行业内的最低价格为其产品定价，在市场经营中占据领先地位。成本领先模式往往适用于企业特别需要生产规模支持的生产情况，尤其是在制造标准化产品的时候，这种模式往往可以带来较强的行业领导力。

2. 差异化模式

差异化模式一般指的是企业为顾客提供的产品和服务能够独树一帜，和行业中其他企业提供的产品和服务能够形成差异，而且这种特色可以让产品获得额外的加价。如果一家企业的产品和服务获得的溢出价格能够超过设计和制造差异化产品增加的成本，那么这种能够提供差异化产品的企业就可以获得竞争优势，同时具备一定的行业领导力。

3. 目标集聚模式

目标集聚模式是指在特定顾客群体或特定地理区域内形成的竞争优势，在这个限定的范围内，行业的竞争压力是比较小的，这种行业领导能力更容易形成，也更容易巩固。使用目标集聚模式的企业可以比竞争对手更有效地为其目标范围内的顾客群体服务，从而确立自己在一定范围内的竞争优势。目标集聚模式具体又可以分为两种类型，一种是成本集中类型，另一种是差异化集中类型。这两种经营类型都可以帮助企业确立自身在特定群体或特定地理区域内的行业领导力。

第三节 创新模式与创新价值

企业的创新模式，即通过改变企业进行价值创造的基本逻辑和基本方法。企业的创新模式可以提升为顾客创造的价值，并增强企业在行业中的竞争力。企业的创新模式往往包括多个商业模式主要构成要素的变化，不同要素间的关系以及动力机制往往也会在企业的模式创新中发生改变。

一、企业创新模式的起源

互联网时代的到来，让市场环境和企业间竞争的规则也随之发生了改变，一批新型企业经营模式开始出现。这些新型企业经营模式助推了很多企业快速发展，比如雅虎、亚马逊等都属于此列。这些企业的经营模式和传统企业的经营模式有十分明显的不同，但这些企业取得的巨大发展和成功上市的经历也是人们有目共睹的。这些创新型企业的发展经历在市场上产生了强大的示范效应，企业的创新模式随之也开始在市场上流行开来。

互联网时代，创新型企业的出现，对传统企业也带来了深远的影响。比如亚马逊的快速崛起，一跃成为世界上最大的图书零售商，让传统书店面临极为严峻的挑战。可以看到，创新商业模式具有极强的生命力和竞争力。如果在企业经营中希望快速提升企业的生命力和竞争力，也可以从根本上重新设计企业的经营模式,实现企业商业模式的创新,进而实现企业颠覆式的盈利突破。

当前企业创新模式的重要性得到了更充分的展现。尤其是在市场不稳定的时代,面对全球化浪潮的不断冲击,技术革新速度持续加快,以及商业环境日益变化等充满不确定性的环境,企业的商业模式成为决定企业成败的重要因素,各企业都开始想办法创新自己的商业模式,以确保企业在各种环境下的盈利能力。创新模式可以为企业带来战略性的竞争优势,因此成为新时代企业应具备的关键能力。

二、企业创新模式的具体含义

企业的商业模式是企业创新模式的基础,而商业模式这一概念的核心则是价值创造。商业模式概括的是企业在生产经营过程中进行价值创造的基本逻辑。具体来说,商业模式是指企业在一定的价值链中如何为客户提供产品和服务并获取利润的方式方法。用一句话来概括,商业模式就是企业赚钱的方式。

企业商业模式创新则是在企业原有的商业模式基础上,为企业的价值创造提供基本逻辑方面的变化,把新的商业模式引入企业原有的生产体系中,以此为客户创造更多的价值,同时为企业带来更多的利润回报。用更通俗的语言来说,企业的创新模式就是让企业用新的、更有效的方式来赚钱。具体来说,企业的创新模式在构成要素方面往往不同于之前使用的商业模式,或者企业经营要素间的相互作用关系以及动力机制方面和原有的商业模式有所不同。

三、创新模式的必要条件

在企业经营中,并不是所有商业模式的创新都可以为企业带来经营能力和竞争能力的增长,下面总结了三条创新模式的共同特点,这也是企业创新模式的必要条件,见图4-3。

1. 提供新的产品或服务

第一个创新模式的必要条件就是能够提供全新的产品或服务,或者帮助企业开创新的产业领域,也可以是以一种全新的

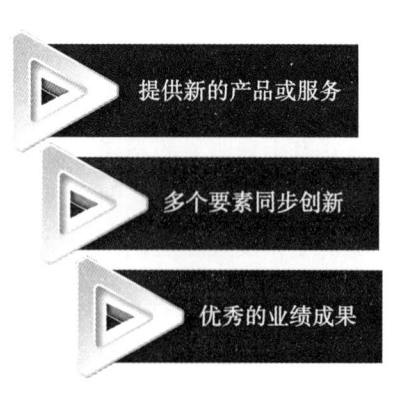

图4-3 企业创新模式的必要条件

方式为客户提供过去已有的产品或服务,这些都可以归入到创新模式的范畴。比如亚马逊的图书零售就和传统的图书零售产品是相同的,但是亚马逊胜在以一种全然不同的方式来进行图书销售,因此这种创新性的图书销售模式给亚马逊公司带来了巨大的成功。

2. 多个要素同步创新

能够归入创新模式的企业新型商业模式,必须有多个要素与传统企业的经营模式不同,如果只有少量的差异,还不能完全算作企业的创新模式,因为这一模式没有形成全新的体系。亚马逊和传统书店的图书销售相比,不仅产品的选择范围变广了许多,而且可以通过网络渠道进行销售,在仓库中完成图书配货运送等,这些都与传统书店的图书销售有巨大的不同,因此亚马逊的图书销售模式才可以归为创新模式的范畴。

3. 优秀的业绩成果

最后,衡量企业创新模式还需要具有良好的业绩表现,只有企业使用了创新模式后,在成本、盈利能力以及行业竞争优势等方面表现出了超过同行业竞争对手的领先水平,这一经营模式才可以正式被认定属于创新模式,否则还只是没有获得成功的经营模式探索。

亚马逊在绩效指标方面的出色表现,证明其作为一种创新模式具有的优势。比如,亚马逊作为一家图书经销商,具有数倍于竞争对手的存货周转速度,这就是这家企业在同行业竞争中可以倚仗的极大优势。另外,亚马逊在短短几年的时间内就发展成为世界上最大的书店,足以说明其使用的创新模式的优越性。

四、创新模式带来的价值

1. 提升为客户创造的价值

创新模式往往比传统商业模式更加重视客户体验,并且需要对企业的生产经营活动进行根本上的重新设计,其商业视角更加开放,更综合地考量企业经营中各方面的因素。创新模式的使用可以从根本上提升企业为客户创造的价值,这是因为创新模式的逻辑起点就是为了更好地满足客户的需求,这一特点是创新模式和许多技术创新的根本不同之处。创新模式涉及的往往不只是单纯的技术因素,而是技术与经济等多方面因素综合作用的结果。因此,企业的创新模式能够有效提升为客户创造的价值。

2. 提升企业管理的系统性

创新模式可以为企业带来管理的系统性提升，因为企业的创新模式不是来自单一因素的变化。企业想要彻底实施创新模式，往往需要企业管理中的多个要素同时出现大的变化，并在企业内进行较大的战略调整，因此是在企业中进行集成创新，对于企业管理以及企业的组织形态等多方面都会带来创新性的变化和提升。

3. 提升企业盈利能力

最后，从创新模式带来的绩效表现来看，其往往可以有效提升企业的盈利能力。如果创新模式可以为客户提供新产品或新服务，其实就相当于开创了一个全新的可以让企业获得更大商业利润的产业领域，为企业带来更持久的盈利能力和更大的竞争优势。由于创新模式的系统性以及发生改变的根本性，想要实现企业的创新模式，必须在企业内实现多要素同步变化，这种变化往往很难被竞争者模仿，因此可以给企业带来更加长期持续的战略性竞争优势。

第四节 创新模式与市场认同

当前，我国商业市场环境的许多特征都悄然发生了改变。互联网技术的升级以及社会分工的细化，让企业生产方式也发生了转变，产品更新换代的速度持续提升，产业结构的调整时时在我们身边发生。与此同时，消费者的需求正在向着多元化的方向发展，大家可以看到过去相对单一的大市场开始被细分成很多独立的小市场，这就是当前的市场环境。

在这样的市场背景下，过去推崇的大企业经营模式也不再完全适用，即便是成了行业巨头，也不代表就可以高枕无忧。大企业的市场份额很容易被一些规模不大但特点鲜明的企业蚕食，逐渐失去规模优势带来的丰厚利润。现在，大量新兴企业开始凭借独具特色的商业模式在行业中崭露头角，表现出了一定的竞争能力。通过这些现象可以发现，在新时代背景下，企业竞争的关键因素已经开始发生改变，只靠企业的规模优势，想要在行业中保持长久的领先地位变得越来越难。因此，企业必须在产品的规模竞争之外尝试进行创新性的突破，也就是开发企业的创新模式。

企业创新模式的内涵十分丰富，因为在企业运营中，各个环节都可以进行企业经营模式的创新,比如进行新产品的研发、对运营流程的整合以及对顾客需求的重新定位等。但是,不论企业使用什么方式来进行创新,其本质都是要找到比竞争对手更有效的经营管理模式,以此实现对顾客和股东产生更大吸引力的核心竞争优势。

一、通过创新模式带来市场认同

在企业经营管理的过程中,要给消费者提供相应的产品和服务,消费者也会对企业的产品和服务进行反馈。如果企业在较长时间内一直获得来自消费者的负面反馈,那么很可能意味着企业当前的运行方式落后于行业中的竞争对手。面对这种情况,企业需要对其运行方式进行检查,并对企业的经营和管理模式进行创新性的再设计,争取重新获得市场认同。在这里,企业进行的创新就是对其运行方式进行重新设计和彻底升级的过程。

为了深入分析企业如何通过创新模式来获得市场认同,下面将企业运行划分为组织、业务和财务三个层面,这三个层面中的创新性构建最终会形成企业的创新模式,见图4-4。

图4-4 企业创新模式的三个层面

1. 组织设计

首先是企业内部的组织设计,也就是企业需要对内部的组织架构进行科学合理的设计。在企业组织设计的过程中主要考虑四个要素,分别是人力资源、组织架构、企业文化和知识管理,这四个要素组成了企业组织设计的核心。

企业可以从人才市场上招募到符合企业运行需求的专业人才,再在组织架构的框架下对专业人才分工进行合理的规划和设计,最后通过专业人才的协作对企业文化进行创新。同时,组织需要在内部搭建起高效的知识管理体系,这可以为组织提供更加先进的管理机制,积攒有效的管理经验。如果企业的组织设计能够支撑企业业务良好运行，则可以认为企业的组织是比较有效的。

2. 业务经营

企业需要对自身的业务进行有效的经营，如果企业的业务经营具有比较高的水平，就可以为企业带来更高的市场认同度。

一家企业的业务经营，可以概括为三个主要方面：第一是通过市场拓展的方式，积极寻找企业生产经营可以达到或满足的市场需求；第二是通过研发和创新，持续提供能够符合消费者需求的新产品；第三就是通过企业内部的协作整合，优化企业内部的生产运营效率。

3. 财务管控

企业需要对自身内部的财务进行科学合理的统筹规划。对企业来说，财务结果可以有效地衡量企业在经营管理中取得的成果，因此这项关键指标必须引起企业的重视。

在对企业内部财务进行管控的过程中，企业管理人员需要时刻牢记，一切以提升企业的盈利能力作为最终的目标来实施管理。在当前的市场背景下，还需要企业具有较好的投融资能力和投融资策略，这两方面的能力对于企业创新模式的形成也具有重要的影响。

在对企业内部进行财务管控的过程中，需要重视的三个主要指标是收入、利润和企业的现金流，因为这三个指标可以提升企业规避财务风险的能力，还可以提升企业把握市场机会的能力。比如说，当出现比较好的投资机会的时候，企业可以及时将资金投入其中，帮助企业获取更多的投资收益或发展助力。

那么，在刚刚叙述的企业管理三个方面，业务层面是企业进行模式创新的重中之重，因为企业的一切活动都是围绕着业务来开展的，而且业务方面的创新能够给企业带来更加直接和更加快速的提升。当企业的创新模式运作开来后，市场对于企业创新的反馈，往往也是先在业务层面表现出来，因此业务经营在这三个方面最为关键。

在企业对创新模式的设计中，建议优先进行业务层面的创新，同时对企业组织层面配合进行创新设计，为业务模块提供充足的支持。最后对企业内部的财务管理进行更加科学合理的设计，满足企业开展创新业务所需要的资本需求。这三个方面可以起到相互支持、相互促进的作用。

二、企业如何进行模式创新

在我国企业的经营管理和市场运行中，存在着这样一个规律，那就是企业运行和市场认同之间存在着互动关系。在企业中进行模式创新，往往是以当前的市场认同为主要导向。在企业进行模式创新的过程中，也是以业务创新为创新改造的核心部分。在创新实践中，大多数中国企业进行的模式创新内容都集中在业务层面。

目前，我国已经出现了很多企业模式创新的成功案例，这些案例已经证明业务创新对于企业模式创新的有效性和关键性。下面就对企业如何进行业务层面的思路创新进行分析，见图4-5。

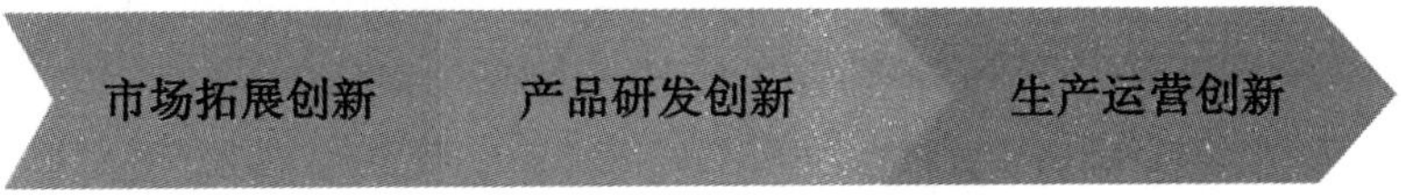

市场拓展创新　　产品研发创新　　生产运营创新

图4-5　企业业务创新的思路

1. 市场拓展创新

企业业务创新的第一个思路就是进行市场拓展创新，这种创新方式的关键是抓住主要客户群体的真正消费需求。与此同时，企业还需要具备能够满足顾客真正消费需求的生产制造能力。

作为企业，首先要不断地深入发掘主要客户群体的消费需求，这样可以实现企业业务的精准定位和有效拓展。分析了一些企业在市场拓展创新方面的成功案例，总结出了企业市场拓展创新过程中的三个核心步骤。

（1）分析顾客需求。

企业需要对主要客户群体的需求进行深入的分析，并对他们具体的需求特征进行全面的分析和总结，这样企业可以更加准确地确定顾客需求的关键点。如果企业想要通过市场拓展获得模式创新，一定离不开对主要客户群体需求的准确把握。如果对客户需求的把握出现了偏差，那么企业创新就有很大失败的概率。

（2）确定市场拓展方案。

在确定了主要顾客群体的需求后，企业就要确定市场拓展的方案。在这个过程中，企业需要依照自身的生产实力以及掌握的资源，选择具有可行性的方案来满足顾客的需求。企业有必要对不同方案的预期收益和预期风险进行比较准确的预测，如果在市场预测环节出现了失误，那么企业的模式创新很有可能不能达到预期的目标。

（3）制定推广计划。

当企业制定了市场拓展方案后，还需要制定比较详细的实施计划。在已经取得成功的案例中，企业往往把市场拓展的方向放在细分市场和相关的区域领域。如果在即将拓展的市场上产品特征比较类似，那么企业可以使用标准化生产的策略，以提升企业的管理效率，同时节约企业的生产成本。如果在即将拓展的市场上有比较明显的特征差异，企业需要提升产品生产的差异性，也就是在个性化优势上进行深层次的开发，增强产品的竞争优势。

2. 产品研发创新

当企业制定了市场拓展的目标之后，下面要做的就是不断研发和创新符合顾客新需求的产品，这样才能让企业的业务保持较长时间的持续增长。一些企业还可以通过开发新产品来获得比较特殊的市场地位，这可以为企业带来更多的市场溢价，从而实现企业利润的突破。具体来说，企业可以让新研发的产品具有一些特殊功能，或者提供市场上已有功能的产品，但新产品的价格有明显的降低，使产品成为市场上性价比最高的产品。

3. 生产运营创新

最后，企业需要在生产运营过程中进行企业内外部经营流程和部门间协作模式的创新。其主要目的就是提高企业的生产效率、降低生产成本、提高产品质量和服务质量，以此提供更高的客户价值。企业生产运营方面的创新可能会对企业自身和行业都产生深远的影响，因此需要引起企业管理人员的重视。

其实，企业生产运营创新的本质就是在企业经营各参与主体中进行协作模式解析，对不同部门之间取长补短，化解冲突矛盾，优化生产流程，并有效进行企业资源的分配，根据企业生产的需要改变重点控制的生产环节，争取在企业中找到最佳的投入产出模式。

进行企业创新是系统性的工作，不能只看某一方面的成功，而是需要整体推进。如果企业在经营的过程中能够对内部运行管理模式进行持续升级，则可以有效提高企业的市场认同程度，让企业在激烈的市场竞争中保持较高的竞争能力。

第五节　创新模式与盈利能力两极分化

在市场经济时代，企业整体的经营水平对于一国的经济来说具有十分重要的影响。近年来，我国各行各业都涌现出了一大批快速成长的企业，尤其是一些优势行业以及朝阳行业中的龙头企业，业绩增长的速度非常快，但也有一些企业因为各种原因，经营的效果并不是很好。即便同一行业，盈利能力也各有不同，有些公司效益很好，有些公司的效益比较惨淡，出现了严重的两极分化现象。

在各行各业发展的过程中，出现企业盈利能力两级分化是一种必然现象。在本节内容中，就来谈谈各行各业盈利能力两极分化的问题，以及如何通过企业的创新模式让盈利能力获得提升。

一、无利润区是导致企业盈利能力两极分化的陷阱

过去对企业经营的认知中，往往觉得企业盈利是一件比较容易的事情。大多数企业刚一成立，或者成立时间不久，就可以轻松赚取利润。如果在一个新的领域中企业的数量较少，那么企业更可以有比较强势的话语权，赚取更多的经营利润。

但是经过这些年的发展，世界范围内的信息技术和工业技术都取得了跨越式的发展。随着全球化进程的推进，世界范围内的企业竞争程度也比以前更激烈，因此，企业盈利难度也随之大幅度提升。在这种激烈的市场竞争背景下，很多企业都选择通过降低产品价格的方式以求保持过去的市场占有率。

当前的市场情况下，对于客户来说，由于信息的透明度大幅度提高，他们在进行交易的过程中，往往可以以更加有利的价格成交，这让很多企业都参与到了降价的竞争中，这个领域随之就演变成了企业的无利润区。

无利润区的概念在本书前面章节中也曾经介绍过，其含义大致就是当企业进入无利润区之后，即便具有一定的市场占有率或经营规模，也很难从经营中赚取经营利润，这对企业来说无疑是非常危险的。今天企业中无利润区的情况广泛存在，而且各行各业的无利润区数量还在持续增加。

无利润区以各种各样的形式存在于各行各业中，它们可能是某一行业价值中的一段，也可能是某一领域的客户，甚至可能是整个行业都进入了无利润区。无利润区的存在，对于所有企业来说都是巨大的灾难，因为如果企业没有意识到无利润区的存在，持续投入资金也不会给企业带来分文的回报，长此以往，对于企业的发展会造成沉重的压力。

事实上，企业无利润区的出现，正是导致行业盈利能力出现两极分化的关键原因。很多企业都没有意识到的是，正是之前他们对于市场占有率的疯狂追求，才导致经营中出现无利润区的问题。

由于企业对市场占有率的激烈角逐，加上客户实力的持续提升，在传统企业经营中，很多经营活动和传统产品已经没有利润。或者对于整个行业来说，赚取利润的空间和过去完全不同，因此产生了越来越多的无利润区。但是很多公司到今天还没有认识到这个问题，依然在追求市场占有率和产品数量的增长，他们注定无法通过单纯的市占率提升扩展自己的经营利润。过去的企业经营利润区正在加速变成今天的无利润区，这是必须要引起全行业重视的一大事实。

盲目崇拜市场占有率是一种十分短视的想法，因为在很多情况下，企业如果选择了追求市场占有率，往往就需要牺牲企业的设计和创新。但如果企业已经进入无利润区，即使抢占再多的市场份额，对于企业的发展也没有任何好处，反而会让企业经营中的两极分化问题变得越来越严重。

二、通过创新模式有效提升企业的盈利能力

不过，市场中也并非所有的企业都是盲目的，还有一批卓越的企业管理人员，他们提前发现了企业盈利能力增长和市场占有率高低并没有直接的关系。他们通过领先于时代的企业经营管理思维，为企业创造了更多的价值增值，他们就是行业中的创新者。

这些企业创新者在经营方式上与传统企业经营者不同，他们的共同点就是在经营中以客户价值为企业经营的核心。比起市场占有率，他们更加关注企业如何赚取更多的利润，围绕这一核心，更加高效地进行企业的经营管理。他们对于企业是否进入无利润区的情况十分关注，他们的目光甚至放得更加长远，去探索企业未来利润发展的潜力以及行业未来的前景究竟在何处。正是他们这种长远布局的思维，有效避免企业在经营中不知不觉进入无利润区的风险。

过去，企业经营以产品为中心，以市场占有率为经营的核心，今天这一标准已经不再适用。当前企业想要领先于其他同行业的竞争者，需要以客户为中心，以企业盈利能力为经营的核心。创新者由于提前认识到了这一规律，因而早早地让自己的企业成为行业中的领跑者，并在多年的经营中与竞争者拉开差距。

今天，企业如果想要提升自身的盈利能力，就需要对企业整体经营管理进行积极的设计和调整。每三到五年，就要对企业重新进行审视和调整，让企业提供的产品和服务始终能够符合当前市场上客户最紧要的需求，让企业业务始终处于利润区的范围，抛弃那些已经进入无利润区的业务。如果企业能够成为发现利润区或者创造利润区的新企业，那么成为行业中盈利能力顶尖的企业就是比较容易的事情了。

不过这里还要补充说明一点，并不是企业中的创新者完全抛弃了高市场占有率的想法，只是他们对于企业经营中市场占有率重要性的认识和传统企业之间已经发生了变化。

在传统的企业经营中，大家往往认为企业只要有了较高的市场占有率，自然而然就能为企业赚取更多的利润。但是对于企业中的创新者来说，他们会首先分析对客户来说最重要的要素是什么，如何满足客户的需要。接下来他们会思考在满足客户需要的同时如何赚取更多的利润，最后才去考虑如何在赚取利润的前提下获取更多的市场占有率，见图4-6。

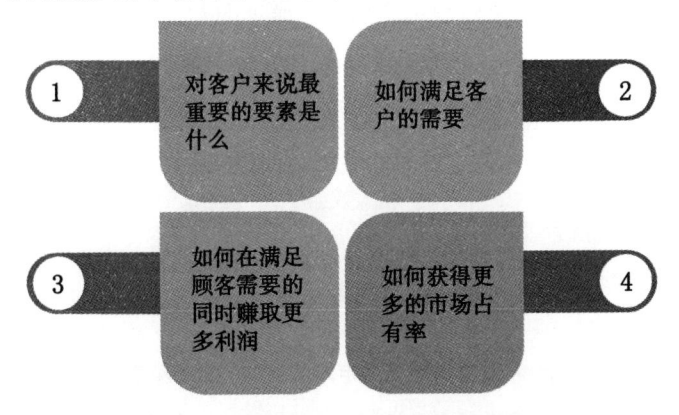

图4-6 创新型企业思考经营问题的顺序

可以看到，在传统企业经营思想和创新型企业经营思想中，人们的思维模式是不同的。在传统企业的经营方案中，人们会把追求市场占有率作为第一要务；但在创新企业的经营理念中，人们更重视如何满足客户的需求，如何提升企业的盈利能力，最后才去考虑市场占有率的问题。从中可以看到，市场占有率对于这些企业的发展已经不再是最为核心的问题了。

通过对企业中创新者的经营模式分析，大家看到了一种新的企业经营思维方式。如果把客户需求和赚取利润放在企业经营中最重要的位置，那么对于企业开发新的利润区、提升盈利能力能够起到很大的帮助作用。

第六节　规模效应、马太效应与市场选择

企业的经营发展战略是企业未来发展的依据，而制定一个好的企业发展战略，可以帮助企业在未来数年的时间内保持良好的盈利能力增长，甚至帮助企业实现盈利能力的突破。那么，企业如何清晰、客观地制定企业的未来发展战略呢？本节从企业的规模效应、马太效应以及市场选择三个方面对企业制定发展战略的过程进行剖析。

首先，需要对企业经营战略的概念进行界定。所谓战略，就是在企业经营发展的不同时间、不同阶段，使企业的投入产出比达到最大的一种策略。在企业经营的不同时间以及不同地区、不同业务领域范围内，适用的企业经营战略是不同的。下面就来对规模效应、马太效应以及市场选择这三个概念分别进行解释，并对这三个方面如何影响企业设定发展战略一一进行分析，见图4-7。

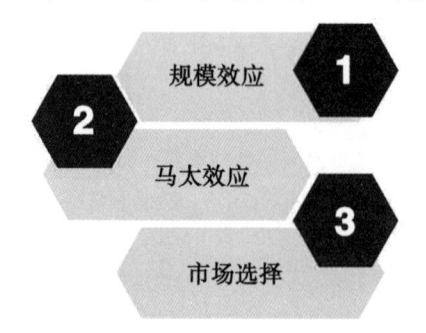

图4-7　影响企业制定发展战略的三个要素

一、规模效应

在企业经营发展战略中，规模效应是一个比较重要的概念，因为从商业模

式的本质上来说，有一些业务具有做大的潜力，而另一些业务可能并不具备这样的潜力。因此企业在制定经营策略的时候，需要对业务板块未来的规模进行比较准确的预测，这一点是十分重要的。

事实上，规模效应在企业经营过程中具有比较强的引力作用。所谓的引力作用，就是把企业经营中的其他要素通过规模效应吸引过来，帮助企业进一步经营和发展。规模效应的概念很好理解，就是企业生产规模扩大之后，能够生产、制作和销售的商品数量越多，企业生产成本平摊下来就越低，这样企业在行业中的竞争力就越强。企业竞争力提升之后，就可以进一步扩大生产规模，形成更强的规模效应，这是一种正反馈循环的模式。不过这一种模式放在今天的市场竞争中已经不完全适用了。

在今天的市场经济背景下，想要继续利用企业的规模效应，就需要分析企业生产经营中的优势具体体现在哪一方面，比如说是客户体验方面的优势，还是产品成本方面的优势。

如果能分析清楚这个问题，就可以在制定企业发展战略过程中对规模效应这一规律进行更有效的运用。首先需要注意的是，有一些商业模式本身就很难形成较强的规模效应，如果盲目地花费精力想要做大这些行业，注定是要失败的。另一方面，如果企业进入适合发展规模效应的行业，就要提前抓住可以产生规模效应的经营要素。比如说降低产品的生产成本或提升客户体验、提高交易额等，尽早抓住这些要素，可以更早发挥规模效应，从而让企业获得更好的发展。

由此可见，利用好规模效应是保证企业未来发展速度的重要决定因素，可以给企业的发展带来事半功倍的作用。

二、马太效应

马太效应的概念看起来和规模效应有不少相似的地方，但其实际内涵具有很大的不同。马太效应通俗地来说，就是在社会中存在"好的越好，坏的越坏，多的越多，少的越少"的一种现象。罗伯特·莫顿（Robert Merton，1944～ ）曾经把马太效应的概念总结如下：任何个体、群体或地区，一旦在某一方面（如金钱、名誉、地位等）获得成功和进步，就会产生一种积累优势，就会有更多的机会取得更大的成功和进步。

这里需要强调的是，马太效应在社会学理论范畴内占据十分重要的主体地位，甚至可以把马太效应理解成在商业领域中如同进化论一样重要的基础理论。事实上，在社会生活中，马太效应的存在是十分广泛的，而且这一效应还十分符合人性的本质，符合绝大多数人本能的选择和判断。

马太效应之所以在各行各业都广泛存在，是因为人们在不熟悉的领域中很难做出准确的判断，这样人们会下意识地选择跟随看起来更有话语权、地位更高的人或者跟随大众的判断。那些所谓的地位更高的人，他们就会因为别人跟随他们的判断而获得更多的收益。

了解了马太效应这一规律的内涵以及产生的原因，接下来在企业的经营中也需要掌握马太效应，进而运用马太效应作为企业制定战略的参考，也就是如何利用马太效应为企业争取更多的经营利润。其实在市场很多领域，作为企业的管理人员并不一定具有充分有效的信息或完善的知识结构和判断方法，无法对企业的经营做出合理的规划。大多数企业管理人员都会选择听从专家的建议或跟随市场上大多数企业的判断，这些企业管理者的决策导致在企业间形成了范围更大的马太效应。

在制定企业战略和决策的过程中，要尽可能地抓住对企业经营有利、能够形成正面规模效应的要素，作为制定企业战略的核心部分，同时减少反规模效应在企业发展战略中出现，并以企业为核心争取尽早形成马太效应，为企业争取更多的利润空间。

三、市场选择

下面要说的就是根据市场的集中度制定企业具体的战略决策，前面介绍的规模效应和马太效应，其实都是帮助企业判断市场集中度的决定性因素。

在规模效应中，强调了市场规模和市场体量的重要性，但是也不能忽略市场集中度对于企业决策的重要作用。如果一个市场空有体量，但是市场集中度不高，基本形成不了很大型的企业。比如说中国的餐饮市场体量就很大，但是如果想要向其中投入大量的资金，能够产生龙头企业的概率基本上接近于零。

可以用 CR 来表示一个市场的集中度程度，比如说用 CR3 来表示行业中市占率最大的三家企业。在中国电信行业中，CR3 加在一起就是 100%。这一指标可以帮助判断行业的集中度情况。

除了用市场集中度的概念，还可以通过分析行业中最后剩下的企业数量来帮助判断一个市场的行业集中度。比如说一个市场最后只剩下一家企业，那么市场的集中度就很高。以此类推，如果市场上剩下两家、三家或者五家企业，那么可以说市场的集中度非常高。如果一个行业里面拥有无数家企业，那么就没有较高的市场集中度，能够产生大型龙头企业的概率就很小。

在制定企业经营发展战略的时候，要对行业的集中度提前进行判断。如果预计这个行业未来只会剩下一家企业，那么就要运用马太效应来争取指数规模级别的盈利效应，争取成为最后剩下的那家企业。对于大多数行业来说，最后都会有两到三家龙头企业，这也是竞争比较激烈的领域。作为企业经营决策者，就需要把自己的目标定位在尽量冲到最前面两三家企业的行列中。在企业发展的前期，就要争取成为行业中的领先者，并在产品生产的过程中形成正向循环。此外还要注意控制企业的投入产出比，不要让企业发展的负担过重。

如果所处的行业集中度并不是很高，那么就需要转换一下思路，做差异化的竞争，让目标客户觉得企业有一个与同行业企业不同的特点能够吸引他们。这是在差异化竞争中保持盈利能力的关键，也是在众多竞争对手中脱颖而出的法宝。这就是通过分析行业集中度来确定经营战略的方式。

第五章 黑模式1：巨型模式

商业模式分为八个类别，分别是产品模式、组织模式、巨型模式、知识模式、价值链模式、客户模式、资源模式和渠道模式。这些模式的名称都点出了模式赖以经营的核心要素。本章就从巨型模式开始，为读者阐释颠覆式盈利黑模式中的第一条——巨型模式。

第一节 为何会存在有规模无利润的现象

在今天的企业经营中，企业管理人员首先需要考虑的问题就是如何提升企业的盈利能力。与此同时，还需要考虑行业中存在哪些盈利点，未来企业的利润区又在哪里，以及在未来的企业经营中，企业的产品利润区范围是否会发生变化等。利润区的概念，指的是企业可以获得经营利润的经营领域。每家企业都需要努力保持在利润区内经营，保证企业的盈利能力。本节围绕利润区的问题，解释企业经营中存在的有规模无利润的现象。

一、空有规模而无利润的企业绝非个案

关于利润区的定义，本书前面已经进行过详细的介绍，指的是企业可以获得经营利润的经营活动领域。每一家企业在进行经营管理的过程中，都要努力进入利润区并保持在利润区内生产和运营。

如果大家是一家企业的管理人员，可能经常会听到一种声音，就是要追求更高的市场占有率和销售增长率，这样企业的发展就会高枕无忧。但是这种方式是过去传统企业的经营理念，如今，这种理念已经显得有些过时，对于企业未来的增长并没有实质性的好处。过去大家已经看到很多市场上的大公司，由于盲目追求市场占有率和高增长率，反而使得盈利能力很难获得增长，这就是

他们没有意识到企业经营利润区的重要性,这往往导致在同一行业的企业之间出现盈利能力两极分化的问题。

过去,经营企业往往以产品为中心,因此市场占有率对于企业经营来说是一个十分重要的衡量指标。当时企业需要不断改进产品的生产制造,并争取形成企业的规模经济。因此,在当时的企业经营中,大家认为只要提高市场占有率,自然而然就能提高企业的盈利能力。但是随着市场经济和信息技术的发展,这一思维急需发生转变。

比如大家所熟悉的 IBM(国际商业机器公司,International Business Machines Corporation)公司、通用汽车、福特汽车等,它们在行业中都保持着很高的市场占有率。但是在 20 世纪 80 年代,这些占据着高市场占有率的企业,盈利能力却不约而同出现了下降。当时,它们的市占率在行业中是具有绝对优势的,这就是企业盈利能力和市场占有率之间出现脱节的开始。不仅这些企业的盈利能力有所降低,而且它们的股市表现也不尽如人意,导致股东的利润也受到了损失。

一些行业中领先的企业已经对它们的企业设计进行大范围的改革,这些企业在关注市场占有率的同时,把企业经营的注意力放在了获得更多的利润上面。这一变化让这些公司的价值开始出现反弹,也带动了很多传统企业开始重新思考其企业设计理念是否需要进行调整。

在对自己的企业进行战略规划时,要弄清楚自己的企业是要致力于提高市场占有率,还是要赚取更多的经营利润(见图 5-1)?这二者并非不可兼得,但是需要企业经营者弄清楚何者为先,哪一个目的是企业经营的核心目的,这对于制定企业的经营发展战略是极其重要的。

图 5-1 企业经营核心目的

在各行各业的企业经营中,不乏有企业占据很高的市场占有率,但实际上盈利能力和企业的市场占有率不成正比，有时甚至很差。比如全美航空公司和飞利浦公司，它们都是本行业中的市占率佼佼者，但是市占率并没有给它们带来显著的价值增长，在企业盈利能力方面也不尽人意。在这种情况下，很多企业开始迷茫，开始思考如何才能让企业经营真正带来利润收入。

绝大多数公司都希望企业经营能够盈利，但是在传统经营模式下，企业管理人员或许没有意识到，只关注提高市场占有率的经营思路，很难让企业盈利大幅度提升，但他们往往不愿意把这种顾虑对外宣布。因为反对企业提升更多市场占有率的经营理念和人们过去的普遍认知相悖，甚至会影响到企业员工的士气，给企业经营带来更大的麻烦。

英特尔公司的做法给企业带来了转机。20世纪80年代，英特尔公司是存储芯片市场上的领跑者。但当时的企业管理者已经开始意识到，市场占有率即使再高，也不能给企业带来更多的价值和利润，当前企业急需设计和改造，进行经营模式创新，以保证企业盈利能力不至于出现下滑。

综上所述，大家可以深入思考，市场占有率已经不能代表一家企业的真实盈利能力。企业经营者需要提前意识到这一点，并对企业的经营模式提前进行布局和调整。

二、数量增长不一定能带来价值增长

市场占有率和销售数量的增长，一直以来被认为是企业盈利最为重要的保障。过去，这种经营方式的确创造过高利润，也让一些企业的管理者痴迷于市占率这个数字，认为只要产品销量增长，就可以轻松解决企业经营过程中出现的一切问题。

但是在今天的市场机制下，这种想法必须要面对残酷的现实：即便企业的销售数量增长，也不一定就能带来公司价值也就是股票价格的增长。现在能够看到很多电脑制造行业、软件行业等，都开始出现很多经营利润惨淡的公司，过去，这些公司都是以增长速度快而出名的。相反，在一些增长速度很慢的企业中，却涌现出了利润增长速度惊人的企业，其中包括可口可乐公司和斯沃琪公司等，尽管它们的市场扩张速度并不快，但是它们的盈利能力不容小觑。

身处新的市场环境，在过去的企业经营管理中被奉为圭臬的市场占有率和销售数量增长，已经不能让企业高枕无忧，相反，越来越多的无利润区正在企业中出现，让企业的盈利能力受到了极大的挑战。

三、无利润区的出现让大型企业开始无利可图

令人意外的是，企业对市场占有率的极度追求，可能正是导致大量无利润区出现的最主要原因。因为当企业极度渴望提高市场占有率的时候，往往就会踏入无利润区的经营状态。这种增长对于企业来说等于是一种陷阱，表面上的市占率增长，会给企业未来的盈利能力增长埋下极大的隐患，甚至会拖垮整个公司。企业在无利润区内经营的弊端主要有以下三个。

1. 企业设计不合理带来更多损失

如果企业的设计不合理，也就是在不会带来利润的无利润区进行持续经营的话，这种经营会对公司价值带来越来越多的伤害。当前，许多增长速度很快的高科技行业，都出现了这种价值损失，对于企业的长期发展特别不利。

2. 加大企业管理的难度

盲目追求企业高增长，还会给企业带来更大的管理挑战。因为企业在发展扩张的过程中，一定会想办法扩大生产能力，比如增加基础设施，增加更多人力和成本方面的投入。等到企业发现自己深陷无利润区的时候，才发现自己把大量的资源投向了错误的方向，让企业股东的利益受到严重的损害。

3. 降低企业原有的盈利能力

如果企业发现市场占有率提升，却没有给企业带来更多的经营利润，此时多数企业都会被迫降价或者继续扩展业务，而且往往只能被迫选择那些自身不具备优势的经营领域。这样做无疑也会损害企业的盈利能力，最终还是会导致企业无利润区出现，大家可以看到企业被动地进入了经营的恶性循环中。

综上所述，企业有规模而无利润的现象正在各行各业中广泛出现，并且今天企业的无利润区数量还在持续增加之中，应引起所有企业的警惕。

第二节　产品趋同与行业内卷

行业内卷是近年来我国社会各界广泛关注的话题，人们普遍认为这一现象让企业和员工都面临更大的生存压力，并对这种现象深恶痛绝。本书前面章节

曾经对企业产生内卷的原因进行过一定的分析，本节将从战略的视角对于行业内卷问题进一步剖析，并指出如何通过合理的企业战略来帮助企业摆脱行业内卷的问题。

一、发生在日本的行业内卷实例

首先来举一个在企业经营中发生行业内卷的经典例子，用以解释行业内卷的发生原因以及给整个行业带来的影响。

20世纪80年代，日本企业的快速发展让一些日本品牌可以与西方公司相抗衡，这靠的是它们在运营效益方面的优势，由此日本企业可以以更低的成本提供更优质的产品和服务，从而获得行业中较强的竞争优势。

在企业经营的基本理念中，为了获得更加丰厚的经营利润，企业管理者会想方设法不断提高企业的运营效益。但是仅仅做到这一点是不够的，因为企业的实践获得成功后，就会在行业中迅速传播开来，并吸引来大量的竞争对手，他们十分擅长模仿企业的经营管理技巧，这会让具有优势的企业快速被自己的竞争对手赶上甚至超越。

在日本企业对质量管理的实践中，也出现了大量的类似案例。这是因为在日本企业的发展过程中，很少会使用战略定位来对企业发展进行规划，因此十分容易被竞争对手模仿。最终，日本企业运营效益的优势持续缩小。在企业的经营实践中，越是能够在很多企业中通用的解决方案，越是会以更快的速度在行业中传播开来，最后导致没有一家企业可以保持相对竞争优势，这就是行业中内卷的开始。

发生在日本企业间的这种竞争模式，可以说是典型的趋同竞争模式，最后一定会演化成企业在窄窄的赛道上进行相互竞争的追逐赛。即便是经历了残酷搏杀后幸存下来的企业，也培养不出自己的独特优势，而仅仅是因为他们比其他公司更能"坚持"。这种模式也可以概括为"零和竞争"，这种"零和竞争"的具体表现就是产品和服务价格不断下降，而成本不断上升，企业进行长期投资的能力也随之持续下降。可以看到，整个行业中的每一家企业都在"零和竞争"中受到了损失。

二、避免陷入行业内卷的关键

如何避免日本企业中发生的这种趋同竞争呢？关键秘诀在于企业的战略制

定。而要制定企业战略，则需要首先明白企业的定位。这里把企业定位分为三个不同的种类，见图5-2，下面对企业的战略——进行介绍。

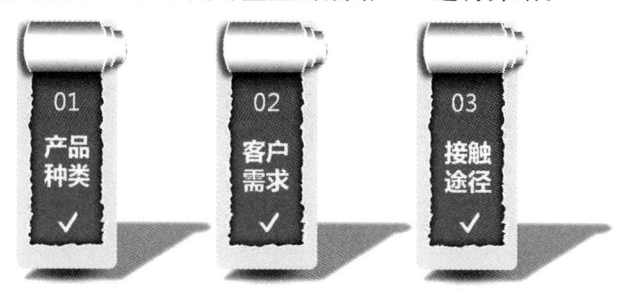

图 5-2　企业定位的三个种类

1. 基于产品种类的定位

企业可以基于自己提供的产品或服务种类进行定位。这里并不是基于客户来进行战略定位，而是要求企业根据自身运营活动的特点，根据自身能提供的特定产品或服务来进行定位。这可以让企业尽可能地发挥自身的经营优势，给企业经营带来更多的经济效益。

2. 基于客户需求的定位

这种定位方式与传统的目标客户定位原则是比较接近的。比如，企业的目标客户群体是对产品和服务价格更加敏感的类型，企业就可以以产品性价比作为定位的核心。比如大家熟知的宜家家居，就是以产品性价比作为企业定位的核心。宜家会尽力满足这些目标客户群对家具布置方面的全部需求，这是宜家获得大量粉丝支持的关键原因。

3. 基于接触途经的定位

这种企业定位方式在一些特定的时空场景中是十分奏效的。比如，在中小城市运营的商店，就可以以当地更加紧密的人脉关系网来招揽更多的客户，这就是基于接触途经的企业定位，在实际应用中具有比较强的针对性。

上述三种定位方式，都需要企业用专门的一套运营管理活动进行配合。在企业经营中，面对的往往并不只是单纯的一个定位，而是会面临十分复杂的情况，比如企业身兼多个定位，或者企业定位频繁发生变化等，这些都需要企业跟随定位的变化进行随机应变的调整。

现在初步明确了企业战略的定义，即企业战略是为企业创造独特、有力的经营发展定位，其中涉及企业与定位协调的多项运营活动。可以说，企业定位对于企业来说是牵一发而动全身，对企业的经营发展具有深远的影响。

企业制定战略的基本要求，就是尽量选择和竞争对手不同的运营活动定位。如果采用类似的运营定位，那么往往只能对应到类似的产品和类似的需求，这时同行业的各个公司之间很容易产生相互替代的关系，让企业陷入低效率的趋同化竞争，也就是零和竞争之中，这对于企业经营来说是十分危险的。制定企业战略是帮助企业避免陷入行业内卷的关键。

三、企业战略的不可复制性

那么新的问题产生了，难道企业制定的战略就不能被人轻松复制吗？下面来假设有企业试图抄袭其他企业经营战略的可能方式。

一般试图抄袭经营战略的企业，都是在保持企业现有定位的同时，再加上企业想要抄袭的新定位，然而这种抄袭基本上最终都会宣告失败。

因为经营战略实际上包含着一种取舍，比如企业想要选择生产高质量的产品，就需要在一定程度上放弃高产量，甚至舍弃大众市场中的大部分利润。如果企业在经营的过程中不懂得这种取舍之道，什么都想抓住，最后结果往往是什么都抓不住。

在企业制定不同的战略定位过程中，实际上做了大量的取舍。很多抄袭经营战略的企业，意识不到这种取舍与公司定位的关系。比如前文中提到的宜家，它定位的是对价格非常敏感的消费者，在消费者购物的过程中还加入了一些自己动手体验的元素。一方面，宜家的经营模式很难满足那些高品味顾客的需要，另一方面，宜家对于经营战略的取舍也为竞争对手抄袭增加了难度，想要简单复制宜家的经营方式并不是容易实现的。

企业战略往往与经营活动紧密相联，因此不同的战略对应的是企业的特定运营活动。在这些运营活动的具体实施过程中，往往需要不同的产品配置，不同的员工素质，以及不同的管理体系，如果模仿者想要完完全全照搬过来，几乎是无法实现的。

在企业制定实际经营战略的过程中，不仅需要涉及企业定位选择的问题，还包括各项经营活动的具体设置流程，以及各项经营活动之间的连带关系，这些都是顾客体验的组成部分。在过去的企业经营中，大家都是在探索如何在企业经营的某一项活动中实现领先。而在今天的企业战略制定中，还需要将企业经营中的各项活动进行有机结合，这样打造出来的经营战略是一个有机整体，很难被其他竞争对手完全抄袭,这也就从根本上避免了趋同竞争的潜在风险。

如果企业想要保持自身可持续竞争的优势,一定要确定自身独特的竞争定位,并打造与定位相符合的一系列运营活动,对企业的发展战略进行明确的取舍和选择。在企业经营过程中,需要在每一项运营活动间建立环环相扣的连带关系,打造企业独特的竞争优势,并将企业的发展战略在实际经营中贯彻执行下去。

第三节 产品创新与利润复归

了解创新模式如何帮助企业保持持续的价值增长,能让大家学到一种不同的思维模式,并加深对企业战略制定和执行方面的认识,这一认识对于企业进入新的利润区能够起到重要的帮助作用。本节将介绍企业如何进行产品全方位创新,并通过这种方式有效提升企业的经营利润。

一、产品设计创新

在企业的产品设计环节,主要受四大战略要素的影响——客户选择、价值获取、战略控制和业务范围。企业进行产品设计创新的关键在于,其设计必须符合企业目标客户群体当前的需求,同时创新设计还要具备给企业带来更多盈利的能力。下面来分别介绍企业在产品设计创新中需要注意的四个要素,见图 5-3。

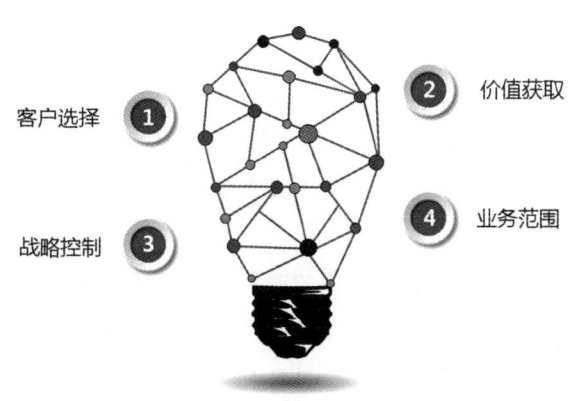

图 5-3 企业产品设计创新中需要注意的四个要素

1. 客户选择

在企业产品创新设计中，首先需要选定目标客户群体，目标客户群体应该是基于企业生产制造能力所选择的最能够提供优质服务的客户群体。随着企业的持续发展，企业的价值可能会发生转移。当价值转移到新的客户群体时，就需要在产品设计环节对目标客户群体进行调整。对于企业来说，放弃曾经的客户或许是一个比较痛苦的抉择，但这也是企业在发展过程中必须经历的一个过程，而且对企业产品的创新设计具有十分重要的影响。

2. 价值获取

产品创新中的价值获取指通过为客户创造价值而获得回报。大家都知道，销售产品或者收取服务费是企业获得经营利润的主要途径，但企业在进行创新性产品设计的过程中，可以把目光不局限在传统的价值获取方式上。在进行产品创新设计时，可以拓展产品价值获取的思路，从而探索出更加高效的企业经营利润获取途径。

今天，可以发现很多创新型企业都使用了更为广泛的价值获取机制，比如进行融资、提供解决方案、参与价值共享等多种方式。这些企业不仅通过创新的方式为客户创造了更多的价值，也从中赚取了更多的回报。

3. 战略控制

所谓战略控制，指企业在进行产品创新的过程中保护其利润流的能力。前面刚刚提到，企业在进行产品创新设计的过程中，需要选定合适的目标客户群体，这方面可以从企业设计的战略控制中得到一定的参考。企业的创新性产品设计需要符合企业宏观战略的整体框架，也就是顺应企业未来发展的主要方向。

4. 业务范围

在企业产品创新设计过程中，还需要注意其覆盖的企业业务范围。在企业的经营实际中，往往会对其业务范围进行灵活的调整，因此在进行产品创新设计的过程中，也需要顺应企业业务范围的调整方向，对企业的业务范围起到合理的调整和扩充作用。

以上就是企业在产品创新设计中的四大战略要素，其中每个要素都与其他三个密切相关。当这些要素组合能够与客户的要求相匹配，并具有内在一致性，且能够互相支持时，它们便能为企业创造出异常强大的产品设计。

所有优秀的产品创新设计都有一个共同的特点，那就是对客户以及企业利润区的深刻认识。在此基础上配合创新想象力和战略创造力，才能够得到真正对企业经营发展有力的新产品创新。

最后，企业还需要确保产品创新设计的长期可行性。如果目标客户群体的主要需求发生了变化，企业需要及时对产品的创新设计进行必要的调整，避免产品设计因过时而进入无利润区，对企业的盈利能力造成不利的影响。

二、产品的新一轮创新

产品创新的脚步永远不会停止。如果企业希望通过产品设计创新带来更多的利润，那么每隔两年左右就必须对企业的产品进行再次创新。当前的市场环境瞬息万变，新技术和新产品更新换代的速度非常之快，而且预计未来产品更新的速度还会越来越快，因此企业必须要不间断地迎接新挑战，否则很容易被同行业竞争对手甩在身后。如果企业不及时对产品进行新一轮的创新设计，那么过去能为企业带来利润的产品，很有可能因为技术过时或顾客需求转变等原因，无法为企业带来更多的利润。

因此，企业必须要重视对产品及时进行更新和换代，在产品设计过程中还需要时时刻刻强调创新意识。过去成功的产品设计照搬到下一个新产品中，可能会收到截然不同的效果，因此在进行产品创新设计的过程中，必须切实以客户的实际需求为设计的核心。每一次创新对企业来说都无异于一项崭新的挑战，但这是保证企业盈利的必由之路。

三、创新产品盈利的秘诀

企业盈利能力问题牵动着每一位企业管理人员的心。他们需要经常对企业利润来源进行深入的思考和正确的规划，确定企业未来正确的发展方向，否则企业经营效果将大打折扣。那么创新产品究竟是如何有效地给企业带来盈利的呢？在新市场环境下的今天，利润主要来自能够切实提升客户价值和提高企业盈利能力的产品创新设计。

掌握创新产品盈利的秘诀并非易事，原因有很多。一方面，利润区是企业获得经营利润的源泉，但是企业的利润区又处在不断的变动中，往往很难把握，这是企业进行产品创新设计的第一个难点。另一方面，能够为企业带来高利润的产品设计方法有很多种，正所谓"乱花渐欲迷人眼"，从其中选择出真正适合企业使用的产品设计越来越困难，而企业选错的后果，就是降低企业提升盈利能力的效率。

今天，身处新的商业环境，企业在产品创新设计方面一定要以客户和利润为中心，这能够为产品创新设计起到指路明灯的作用，有利于提升企业创新设计的成功率。

第四节　两极分化与中间陷落

关于行业中的企业在经营过程中发生两极分化的问题，本书前面的章节中已经对其产生的原因进行了比较详细的分析。事实上，这一问题在市场经济诸多行业中是一种比较普遍的现象，可以看到不论是传统行业，还是近年来的新兴行业，都存在两极分化的问题，也就是行业中的头部企业占据了行业利润中的绝大多数，中小企业则在头部企业之下瓜分剩余不多的利润。本节以近年来发展速度很快的电商行业为例，分析在行业中出现两极分化以及中间陷落的原因，并针对这种现象给出建议。

一、电商行业的两极分化问题

我国电商行业目前已经进入了高速发展的时期，而且自2020年以来，国内外市场经济受到新冠疫情冲击的影响，线下实体经济严重受挫，而电商行业的发展则受到了一定的助力。可以看到最近三年来国内电商巨头企业接连发布亮眼财报，增长形势喜人，每年在销售额方面都有新的突破。

但是，对于我国电商行业整体而言，最近三年以来并不是一帆风顺的——在行业快速发展的背后，行业中各大中小电商之间的竞争无疑也是明显加剧了，不再像当初我国电商行业刚刚起步的时候，只要敢于加入市场，就有大量的赚钱机会。再加上国家相关部门对于电商行业的管理日趋严格，很多中小型电商已经发现即便到了每年的"双十一"，销售也会出现"旺季不旺"的问题。与此同时，随着供应链等电商经营中间环节的升级发展，很多电商发现经营所需的各项成本都在持续上涨。这样导致的结果就是，不少中小电商辛辛苦苦忙碌了一天又一天，最后发现自己赚取的经营利润却一年不如一年，只能面对大量积压的库存发愁。

二、升级发展摆脱中间陷落

在电商行业中,头部电商与中小电商的收益具有明显的差距,存在严重的两极分化问题。中小电商应该如何摆脱自身的困境,避免出现严重的中间陷落问题呢?大家在企业经营的过程中,能够从这些行业巨擘的企业经营方式中学到哪些经验,见图 5-4。

1. 落后模式必须及时淘汰
2. 长期布局铺好发展道路
3. 灵活转变建筑突破机会

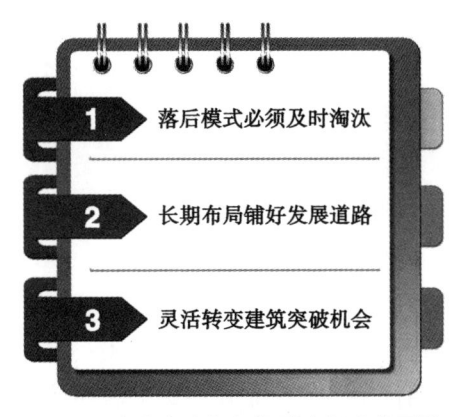

图 5-4　中小电商如何摆脱中间陷落困境

1. 落后模式必须及时淘汰

不单单是电商行业,在今天的时代背景下,各行各业都在进行快速的发展升级。在企业经营的过程中,一定要及时把落后的产业模式和经营思维统统淘汰,否则就会被同行业竞争对手快速甩开。

如今,各行各业的发展都日趋成熟化,任何一个新崛起的行业,往往会迎来大量的新加入者,这让行业内部的竞争更趋于白热化。与此同时,消费者群体的消费习惯和购买需求也在以更快的速度发生变化。现在,大家可以发现很多行业的发展都遵循着如下规律:行业从最初的产品质量和产品价格满足消费者的基本需求,演变到对产品品质、品牌以及服务等全面消费体验方面的激烈竞争。在持续的竞争中,行业中的佼佼者往往更加快速地与其他竞争者拉开差距,并占据行业中更多的有利于发展的关键资源,导致两极分化的问题在各行各业的发展中普遍存在。

就国内中小电商的经营现状来看,他们在经营的环节中出现的主要问题,就是品牌意识薄弱和过度追逐趋势的短视经营思维。当一个行业热点出现时,喜欢一拥而上地去追逐，企图通过"蹭热点"的方式来获得更多的经营利润，却始终没有致力于发掘自身的经营特点，打造自己的品牌。长此以往，就跟不上行业发展的节奏，与其他竞争对手的差距越拉越大。这些落后的经营思维和经营模式必须淘汰，否则中小电商很难从两极分化的困境中摆脱出来。

2. 长期布局铺好发展道路

如果深究行业中出现两极分化问题的原因，其实也可以从大型电商的经营布局中发现端倪。无论是天猫、京东还是拼多多，这些电商品牌无不都在自营渠道、品牌塑造以及服务升级等方面进行长线布局，并且投入了大量的资源用于企业的长期发展。显然，这些企业更具有长期发展的战略目光，其经营逻辑和经营体系也更加完善，这是它们在行业竞争中脱颖而出的关键。

3. 灵活转变寻找突破机会

两极分化是行业发展中必然出现的现象，但这也并不意味着中小企业未来没有成长和发展的机会。只要企业能够摆脱过去的落后经营思维和运营模式，还是有很大的上升空间。如果中小企业自认为在资金实力和生产经营能力方面无法和行业中的头部企业抗衡，也不必气馁，从另一方面来看，企业的体量小也赋予了企业高度灵活的优势，如果企业中的某种模式经过尝试没有收到比较好的效果，企业可以马上调整经营思路，尝试新的经营方式，在不断的尝试和创新中寻找快速突破的机会。

另外，市场快速发展对于中小企业来说也是新的机会，因为新市场的潜力大，竞争小，可以选择前往新的市场拓展业务。再加上互联网技术的快速更新，企业还可以利用前沿科技如人工智能、云计算等，提升企业的管理水平和服务效率，通过科技赋能提高企业的核心竞争力。

第五节　重新定义行业标准

在世界范围内，企业的数字化转型已经到了比较深入的程度。其中，服务行业的巨头企业已经试图在风口上重塑企业的发展逻辑，对企业发展乃至行业发展的底层逻辑发起了新的探索。

在企业进行数字化转型的案例中，有一些企业成功凭借自己的数字化转型思路和模式，在行业发展中取得了十分显著的成果，甚至做到了重新定义行业标准的地步，为企业发展打开了一片广阔的天地。本节就以 IBM 公司的发展转型为例，分析它是如何做到在发展转型的过程中重新定义行业标准的，这一案例对于企业转型经营可以起到很好的启发作用。

一、技术部门成为 IBM 的新战略核心支撑

2022 年，IBM 公司第一次公开披露了其技术支持服务部（Technical Support Services，TSS）的业务细节和这一部门在 IBM 新发展战略下的定位布局。通过这一事件，可以看到 IT 行业在全球疫情的影响下迎来了新的增长需求风口，而 IBM 公司已成为这一方向上的前行者。

IBM 公司内部的组织架构体系十分庞杂，单从服务部门这一个板块来说，IBM 内部就有专注咨询业务的咨询服务部（IBM Consulting），还设置了专门用于软件服务的团队。前面所说的 TSS 部门，其实是 IBM 公司内部的技术支持服务部，也就是为 IBM 旗下产品以及非 IBM 产品提供维护和支持服务的部门。IBM 的技术支持服务部，不仅可以提供高质量的 IBM 原厂支持服务，还可以对其他商业软硬件提供服务，其服务范围非常广泛。

IBM 的技术支持服务部已经应用了互联网科技中的混合云技术以及人工智能技术，搭建起了广阔的企业战略平台，让技术支持服务部的业务领域得以快速拓展。目前，IBM 的技术支持服务部在中国已经拥有了超过两百个合作伙伴。

IBM 的技术支持服务部可以为多个品牌提供技术支持和服务，而这一转变主要来自全球范围内疫情影响下企业客户采购模式的变化。从中可以发现，当前很多企业都转而选择集中化采购的模式，他们希望通过向少数头部供应商采购来满足企业的需求，因为这种采购方案更有利于企业的统一实施和部署。

二、多品牌服务重新定义行业标准

客户需求的转变，是推动企业乃至行业产生变革的根本驱动力，如 IBM 公司这种在技术、人员、配件以及服务流程上都能够提供成熟配套服务的供应商，在客户眼中已经成为更优的选项（见图 5-5）。IBM 公司发布的统计数据显示，运维效率占优的多品牌服务，在大客户市场上大受欢迎，占据了整个技术支持服务部销售总额的三到四成之多。

图 5-5　IBM 公司的配套服务优势

IBM 公司的技术支持服务部和其他科技巨头的同类型部门相比，更侧重于产品和服务的落地能力，优势在于可以提供数据中心一体化的运维服务，运维效率方面优势明显。IBM 公司技术支持服务部的这一特色，对行业标准进行了重新定义。

IBM 副总裁、技术支持服务部大中华区总经理潘军表示，TSS 将来会进一步集成 IBM 各个产品线，同时整合外部合作伙伴产品，与 IBM 形成互补，从而帮助客户更好地应对分散、复杂的混合云环境，也给 IBM 带来最大化业务收益。

在 IBM 公司的技术支持服务部案例中可以看到，过去毫不起眼的技术支持部门通过改变经营策略，一跃成为 IBM 公司的新战略支撑部门，反映出运维效率这一由疫情催生的新发展风口为企业发展注入了强大动能。

实际上，在近几年的疫情影响下，许多中小企业都开始着手布局数字化转型，IT 运维在这样的市场背景下成为行业发展的新风向。以此类推，在各行各业的企业经营中，也会随着周围环境的变化催生出许多新的风口。企业需要敏锐发现并牢牢抓住这样的机会，争取通过对企业经营发展模式的重新规划，重新定义行业的经营标准，成为行业赛道的领跑者。

第六节　露露乐蒙与新消费品牌的重新定义

在 2022 年北京冬奥会开幕式上，露露乐蒙（Lululemon）这一运动品牌在国内火爆了一把。因为加拿大代表队出场时所穿的羽绒服，并非出自中国消费者熟知的加拿大鹅（Canada Goose）品牌，而是来自加拿大的新晋运动品牌露露乐蒙。本节就来介绍这一加拿大新消费品牌是如何快速发展崛起，并对消费品牌进行重新定义的。相信露露乐蒙品牌的经营理念，对于很多企业都能有所启发。

一、露露乐蒙品牌介绍

露露乐蒙来自加拿大，成立于 1998 年，到 2022 年为止已经经营了 24 年。露露乐蒙于 2007 年在纳斯达克上市，到 2022 年，其市值已经超过 400 亿美元，仅次于安踏、阿迪达斯和耐克，目前是世界第四大运动品牌。

露露乐蒙的主营运动品类是瑜伽服，乍一听大家可能会觉得这一品牌的受众面太小了。但是露露乐蒙却能做到在全球瑜伽服品类中一枝独秀，而且在瑜伽服单品的定价方面达到行业巨头耐克的两倍以上。

2022 财年，露露乐蒙净营收增长 30％，约为 81 亿美元，其中北美业务净营收增长 29％，国际业务净营收增长 35％。露露乐蒙品牌的经营成果堪称"神奇"，下面就来看看这家企业的运营方式究竟是怎样的。

二、品类选择是决胜因素

露露乐蒙在经营之初，就对产品品类进行了精心的战略选择。在很多人眼中，瑜伽或许只是一个小众运动项目，实际上，以我国这样大的人口基数来看，只要有百分之一的人群喜欢瑜伽运动，那么瑜伽服这一品类在中国市场上就是绝对不愁卖的。

另外，随着人们运动观念的提升，瑜伽已经不再是小众运动项目。这一运动项目的成长速度很快，而且垂直细分的程度很高，尤其是在年轻的女性群体中拥有众多的潜在客户。从商业角度看，越是经济消费水平高的人群，对于瑜伽运动的接受程度就越高。以上种种因素加在一起，让瑜伽行业发展成为在全球范围内增长速度最快的细分体育品类，这是露露乐蒙在产品品类选择方面的成功因素。

在美国，运动健身产业对人们生活的影响十分深入，已经成为排在餐饮、住宿和教育之后的第四大品类，市场前景广阔。在美国，参与过瑜伽的人数已经超过 3000 万人，在瑜伽产业相关的消费年均为 115 亿美元，换算成人民币基本上是千亿级别。露露乐蒙对于瑜伽市场未来的发展更是十分乐观,他们认为瑜伽松紧裤未来会成为像牛仔裤一样的流行服饰。

露露乐蒙对于目标客户群体的锁定也是十分精准的,他们把目标对准有钱有闲的瑜伽重度爱好者。具体来说,露露乐蒙的客户人群特点有如下几个要素:财务基础好、有精神内涵、有审美追求、自由独立女性等。由此可见,露露乐蒙对目标顾客群体的选择可谓十分精准,而且这类客户群体的消费能力也是很高的。

三、提高产品垂直度,加强竞争能力

露露乐蒙主营的瑜伽运动产品,由于重度垂直,因此具有很高的行业壁垒,其他运动品牌想要和露露乐蒙抢占这一行业的市场是很不容易的。在产品研发方面,露露乐蒙也有意识地加深自己在产品垂直领域中的竞争能力。瑜伽运动虽然比较小众,却离不开专业的运动配套装备,尤其是对瑜伽服的拉伸、扭转、透气和吸汗等功能都具有非常高的要求。露露乐蒙在产品研发的过程中,兼顾了瑜伽服产品设计中的三大要素,即功能、面料和外观,三管齐下,牢牢抓住了顾客的心,见图5-6。

图5-6 露露乐蒙产品设计三大要素

1. 功能设计

针对瑜伽中的各种高难度动作,露露乐蒙对产品进行了专门的设计,比如对形体弯曲、松紧的控制等,在产品中加入了很多创新性的功能设计。另外,在产品专业性的基础上,还增添了一些实用的功能属性,比如在产品设计中增加暗兜,设计双面可穿的款式等。

2. 面料设计

瑜伽服的面料对于穿着体验的影响很大，为此，露露乐蒙开发了品牌定制面料露安（Luon），组织材料科学家和人体工学工程师建立了瑜伽服面料专业实验室。露露乐蒙使用的瑜伽服面料，在吸水性和透气性等产品属性方面具有很大的优势，可以做到既紧密贴合使用者的身体，又不会黏在身上，妨碍运动，极大地提升了穿着体验，这让露露乐蒙的瑜伽服在行业中成为质量方面的标杆。

3. 外观设计

露露乐蒙的瑜伽服不仅仅具备专业性，还有很强大的功能属性。露露乐蒙在产品外观设计方面花费了很多心思，让他们生产的瑜伽服还具有很强的美学功能，展现出了很多时尚元素，这也是为了迎合露露乐蒙精准定位的顾客群体的喜好。试想，一件又专业、又舒适、又好看的瑜伽服，如何能让消费者拒绝呢？

现在，露露乐蒙的企业经营已经不只限于瑜伽服这一个领域，他们对于瑜伽系列产品已经提前进行了布局，同时开始进军其他运动装备，比如训练服、慢跑服、游泳装备、男士运动系列等。

综上所述，露露乐蒙在极强的产品能力帮助下，很快抓住了一批核心客户，并在这个基础上坚持不懈地在瑜伽领域深耕，甚至赋予了瑜伽专业服饰新的内涵，让瑜伽服从单纯的运动专业服饰成为"时尚服饰"。在一些消费者眼中，穿上瑜伽服等同于展示自己的形体美。从这个角度切入，露露乐蒙可以说十分巧妙地提高了消费者对品牌的忠诚度。这种对产品垂直度的精心开发，成为露露乐蒙品牌高客单价的有力支撑。在这一品牌的开发下，瑜伽服从运动专业装备发展成了运动功能装备，进而延伸成为运动时尚装备，引领了行业中的新风尚。

总结一下就可以发现，露露乐蒙的核心经营战略就是在重度垂直的产品品类中持续做重度垂直的产品，并瞄准企业对标的精准客户群体。露露乐蒙通过自己的经营方式，对瑜伽服这个行业进行了重新定义，建立起了远超同行业对手的竞争优势，这一战略思路非常值得企业经营者们学习。

第六章 黑模式2：整合价值链

价值链分析法在现代企业经营管理中是常用的分析方法，所谓的价值链分析，就是对企业经营管理过程中的所有输入、转换与输出活动的序列进行整合。在企业经营的各个环节，每一项活动都可能对企业最后生产出来的产品进行价值增值，因此现代企业都需要运用信息技术，使价值链中的企业关键业务得到优化，从而增强企业的竞争能力。本章将对黑模式商业逻辑第二部分展开叙述，即整合企业的价值链。

第一节 波特的价值链理论

价值链理论是美国哈佛商学院著名战略学家迈克尔·波特提出的，这一理论对于今天的企业经营一直具有深远的影响。本章将围绕价值链理论来展开，下面先来了解一下价值链理论的基本内容。

一、价值链理论的基本概念

在价值链理论中，将企业的内外价值增值活动分为两大类，即基本活动和支持性活动。基本活动指的是涉及企业产品的物质创造和销售、转移买方以及售后服务的各种活动。支持性活动的作用是辅助基本活动，并通过提供采购投入、技术、人力资源以及各种公司范围的职能来支持基本活动的开展。

基本活动主要包括五项内容，即企业的生产、销售、进料后勤、发货后勤和售后服务。支持性活动则主要包括人事、财务、计划、研究与开发和采购活动等。企业的基本活动和支持性活动共同组成了企业的完整价值链，这是价值链理论的基本框架。

在价值链理论体系中,还对企业价值进行了分析。价值活动在价值链理论体系中指的是企业所从事的物质上以及技术上界限分明的各项活动,这些活动是企业在生产经营过程中创造具有客户价值的产品的重要基石,对于企业的经营收入具有关键作用。

大家都知道,企业参与的价值链活动中,其实并不是每个环节都能为企业的产品制造带来价值增加,实际上,只有某些特定的价值活动才能真正为企业创造更多的价值。人们把价值链中可以真正为企业创造更多价值的经营活动,称为价值链上的"战略环节"。

如果企业想要在激烈的市场竞争中长期保持竞争优势,就需要在企业价值链中的战略环节上持续保持相对的竞争优势,这是价值链分析法对企业经营的基本指导方向。在企业的实际经营过程中,竞争优势可能来源于企业价值活动所涉及的市场范围调整,也可能来源于企业间协调或者整合价值链所带来的最优化效益。

企业通过价值链分析来确定企业的核心竞争力具体在价值链中的哪些环节得以实现,在这个过程中,企业必须密切关注内部组织的资源状态,以此来分析企业价值链中的战略环节。企业还需要特别关注和培养价值链中的战略环节,这是企业增强核心竞争力的根本保障,以此为基础,才能帮助企业形成和巩固在行业内的竞争优势。

二、价值链中的基本活动和支持性活动

在企业的价值链理论中,把企业的经营管理活动分成了两个大类,一类是企业的基本活动,另一类是企业的支持性活动。其中,企业的基本活动主要为企业创造价值,辅助活动基本不创造价值,其作用是保证企业基本活动的顺利进行。这里需要注意的是,所谓的支持性活动,指的是这一类活动在企业价值形成过程中的间接性,绝不是说这一类活动在企业的经营管理中是不重要的,更不是可有可无的。如果在企业的经营管理中去掉支持性活动这部分内容,就会发现企业的基本活动寸步难行,更不要说为企业创造价值了,因此绝对不能把企业的支持性活动当作次要活动,这种观念对于企业的经营管理是十分危险的。

下面对企业价值链中的基本活动和支持性活动进行展开说明,见图6-1。

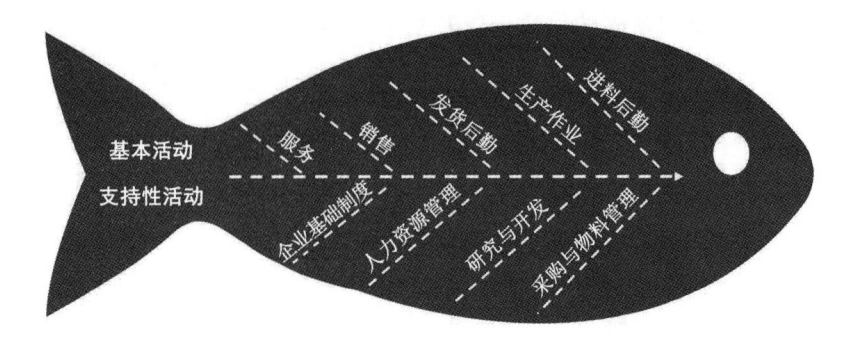

图6-1 企业价值链中的基本活动和支持性活动

1. 基本活动

企业的价值链理论中,把所有产业内涉及竞争的基本活动分成五类。

(1) 进料后勤。

进料后勤指的是和企业原材料的接收、储存、保管和分配等相关的各种活动。比如原材料的运输、仓储管理、库存控制、车辆调度以及退货等,都属于进料后勤的范畴。

(2) 生产作业。

生产作业指的是将投入转化为最终产品形式相关的各种活动。具体来说,企业的机械加工、产品包装、材料组装以及设备维护检测等,都属于生产作业的范畴。

(3) 发货后勤。

发货后勤主要指的是与集中、储存以及把产品发送给买方有关的各种活动,包括产成品的库存管理、原材料搬运以及送货车辆调度等。

(4) 销售。

销售就是提供可供购买的产品以及引导客户购买产品的各种活动,常见的有广告、促销、销售渠道建设等。

(5) 服务。

服务即企业提供服务或增加、保持产品价值等的各种活动,比如安装、维修、培训以及零部件供应等。

2. 支持性活动

在企业的价值链理论中,把所有产业内涉及竞争的支持性活动分成四类。

(1) 采购与物料管理。

采购与物料管理指的是企业在价值链中进行的各项购买活动,比如企业生产原料的采购、研发设备的采购以及对已经购入的物料进行管理等。

(2) 研究与开发。

企业在价值链中的各个环节,尤其是战略环节中离不开技术成分,因此研究与开发是企业十分重要的支持性活动。企业的研究与开发具体包括生产技术的研究、生产工艺的研究等。

(3) 人力资源管理。

企业的人力资源管理主要包括对企业中所有类型人员的招聘、雇用、培训、开发以及报酬等各种活动。任何一家企业都是由一个个员工支撑起来的,因此企业的人力资源管理对企业的各项基础活动都起到重要的辅助作用,而且也是每一家企业价值链条的重要支撑。

(4) 企业基础制度。

企业基础制度是企业日常经营管理活动得以正常开展的前提,企业的基础制度包括会计制度、行政制度、督察制度等。

三、价值链理论对企业研究的重要意义

价值链理论对于企业研究的意义在于,可以对企业经营管理的各个环节进行独立分析,以此来找出哪些环节可以提高企业的客户价值或降低企业的生产成本,并研究企业如何通过价值链调整来实现企业价值的提升。价值链分析方法的框架可以让人们更好地理解企业的经营行为和成本的来源,通过分析企业经营每一个环节的成本、收入和价值,实现对企业业务部门的成本差异和累计优势进行更加精准的把控。

波特提出的价值链理论是对现代企业进行系统整合研究的基本范式之一。所谓系统整合研究,其特征就是重视企业研究的整体观念,但是,必须要明确,对企业整体的认识并非是大而空的论调,其基础必须是对企业系统中每一个局部的清晰把握,和对每一个环节的深入了解,将这些认知进行整合,才能构成系统性的整合研究。

如果只见企业经营管理中的细节,忽略了对企业经营管理的整体把握,那么容易失去对企业前进方向的清晰认知;如果只看企业的整体发展,不重视企

业经营管理中各个环节的客观情况，那么对于企业管理的细节就无法落到实处。因此，所谓的系统整合企业研究，在空间维度上，是局部分析和整体把握的结合；在时间维度上，则是对企业不同经营环节的研究和流程整合。价值链理论对企业经营管理中的竞争优势分析方式，是一种实用性和精准性兼备的系统研究工具。

波特在其所著的《竞争优势》一书中曾经指出："每一个企业都是用来进行设计、生产、营销、交货以及对产品起辅助作用的各种活动的集合。"他所提出的价值链理论，就是对企业创造价值的各个战略性活动进行结构与流程方面的分析，最后再把企业的结构和流程整合成完整的体系，通过对企业生产经营过程中的结构和流程进行分析，可以更加精准地制定能够提高企业价值的竞争战略。

第二节 行业价值链分拆

通过对企业生产经营过程中价值链的分析和研究，可以主动对企业价值链中的部分环节或价值链整体进行调节或重塑，进而增加企业价值，增强企业的盈利能力。本节主要针对行业价值链分拆这种方式对企业价值链整合进行讲解。

一、行业价值链分拆模式的原理

企业进行价值创造的过程，是在一系列环环相扣的活动下共同完成的，其中包括企业的进料后勤、生产作业、发货后勤、销售、服务、采购与物料管理、研究与开发、人力资源管理以及企业基础制度等。这些生产经营活动是组成一家企业的基础，也是构成企业创造价值环节的动态过程，也就是本章内容中所介绍的价值链体系。

价值链在企业的经济活动中无处不在，不仅在企业内部各业务环节间存在价值链体系，在统一产业链中上下游关联的企业之间，同样存在着行业价值链。行业价值链的定义方式和企业价值链类似，只是放大到行业之中，指的是在行业中能够创造价值的各个组成部分串联起来所形成的价值链条。不论是在企业价值链中，还是在行业价值链中，其内部的每一项价值活动都会对企业的价值创造产生十分重要的影响。

在现代市场环境下,企业之间的竞争无疑比过去要激烈得多,而且企业之间的竞争已经不再只是涉及某一个环节的简单竞争,而是涉及整个价值链的竞争,竞争层次有所提高。因此,可以认为,一家企业在整个行业价值链中的综合竞争力,是决定企业整体竞争力的决定性因素。

在过去的市场经济体制下,行业价值链的稳定程度很高,轻易不会发生变动。但是在今天,这样的惯例已经被打破了,大家可以在很多行业中发现价值链正在被压缩、断裂和重新整合,行业大洗牌的现象随处可见。与此同时,行业中的利润和生产力等要素正在比过去更频繁、更迅速地沿着产业中的价值链快速移动。产业价值链变化所造成的影响正在持续扩大,让很多在过去稳定发展的产业开始发生重叠、竞争以及融合,在这样的发展模式下,一些产业价值链已经开始消失。

由于客户需求发生变化的速度越来越快,加上日益激烈的同行业竞争,如果企业还继续像过去那样推行纵向一体化的战略,通过对原材料、产品制造以及成品销售的全过程进行控制,以此来提升企业的竞争能力,在不进行产业升级的前提下,很可能无法响应市场频繁出现的种种变化。

在这种情况下,企业价值链分解就成为一个比较好的选项。如果企业能够在价值链的环节中建立起新的竞争优势,那么在价值创造的效率上往往可以和大而全的企业一较高下。如果企业在市场竞争中处于劣势,也可以选择放弃在生产经营过程中的某些价值环节,从自身的比较优势出发,对一些企业经营的战略性环节进行重点培育,增强竞争能力,以点破面,重新确立企业的竞争优势。

因此,将企业产业价值链的角度作为切入点,研究在行业价值链中的利润和价值是如何进行转移的,可以帮助企业制定新的发展战略,这就是行业价值链分拆的基本原理和主要作用。

二、价值链分拆经典案例

这里通过戴尔公司的案例来进行企业价值链分拆案例分析。大家都知道,戴尔公司是专门进行计算机组装和销售的,这家企业就是巧妙地通过价值链分拆的方式来确立企业的竞争优势的。

在 20 世纪 80 年代左右，计算机制造商中的头部企业 IBM 和 DEC（美国数字设备公司，Digital Equipment Corporation）掌握着整个计算机生产过程中的价值链，从计算机的散件制造、操作系统设计、应用软件开发到计算机组装和分销，都是这两家企业覆盖的范围。但这样的模式到了 20 世纪 90 年代就发生了改变，新生的计算机公司集中在整条计算机产业价值链中的某些具体环节发力，为企业创造了惊人的价值，这就是计算机行业价值链分拆的典型模式。比如英特尔公司集中在微处理器领域发力，微软公司集中在操作系统和应用软件领域发力，康柏公司则集中在硬件制造领域发力。

戴尔公司则是价值链分拆方面的先行者，这家企业早早认识到，对整个计算机价值链进行分拆能够给企业带来巨大的发展机会。戴尔公司的主营业务是计算机成品组装和销售，由此可以知道，其实戴尔公司并不是传统意义上的计算机制造商，而是计算机组装商和销售商。

通过这种行业价值链分拆的经营模式，戴尔公司开发出了模式先进、成本低廉的计算机组装模式。具体来说，戴尔会先从当地供应商渠道购买组装电脑必备的散件，比如电脑主板、处理器和存储设备等。戴尔和当地供应商由于商业往来关系十分密切，因此节约了大量的仓储成本。戴尔只需要在组装之前将散件运到组装厂即可，这样，戴尔公司的存货周转率就提高到了一个极高的程度，远超康柏和 IBM 这两大行业巨头。

戴尔公司在经营方式上的创新，还体现在不存储成批的电脑成品。戴尔会在收到客户订单后的三天内，将客户需要的电脑进行组装和发运，这样客户往往能在一周之内收到自己订购的产品，整个组装到配送的效率非常高。

由于戴尔的库存更新速度很快，因此它的仓库里很少会有过时的电脑散件和成品，这让戴尔可以向市场推出更新的集成电路板、速度更快的调制解调器和内存更大的硬盘，这是戴尔公司重要的比较优势。

总体而言，戴尔公司在市场上的经营优势主要有三点，一是发货快，二是价格低，三是客户满意度高（见图 6-2）。这让戴尔公司快速积累起了一大批客户价值高、追求计算机配置的核心客

图 6-2 戴尔公司的经营优势

户群体，这批人也成为戴尔公司的忠实客户群。

通过分拆价值链的方式，戴尔公司凭借供货渠道和价格低廉的优势，在市场上成功占据了一席之地，并锁定了能够提供丰厚利润的客户群体，极大地提高了企业的价值。

第三节　价值链压缩

在现代企业经营发展的过程中，价值链对于企业盈利能力以及企业竞争优势的影响是十分重要的。在本书介绍的商业逻辑黑模式中，对于价值链的整合可以说能为企业的经营带来十分重要的影响。在企业经营中，很多企业已经开始价值链的整合工作，并且一些企业已经在价值链整合中获得了相当丰厚的回报。之前已经介绍过企业如何通过价值链分拆实现盈利能力和竞争能力的提升。本节将为读者带来关于行业中价值链压缩的有关知识。

一、价值链压缩的形成原因

1. 资源相对匮乏

首先，资源相对匮乏是产业中价值链发生压缩的主要原因。随着产业的转型和升级，在价值链中发生内部转型是经常出现的情况。在这个过程中，也会有一部分产业链中的内容因为生产资源或人才资源的流失或短缺，造成价值链中一部分环节资源相对匮乏。当出现这种情况时，产业中的价值链就会被动地出现压缩的情况，不能再保持之前的经营状态。

2. 钳子攻势

所谓钳子攻势，就是在产业价值链发展的过程中，某一部分价值链两端的企业业绩快速提高，两端的企业都以十分快速的态势扩张和发展，而位于二者中间的价值链，就相当于被一把钳子两端夹击。上下游两家企业往往会积极地扩张业务，逐步蚕食位于中间价值链的生产经营内容。长此以往，在两端钳子的攻势下，中间部分的价值链所剩空间就会越来越小，企业经营无疑会更加艰难。随着时间的推移，价值链中上下游参与者的产业实力会变得更加强大，它们所形成的钳子攻势会得到持续加强，进一步压缩中间价值链部分的企业生存空间。

二、价值链压缩给企业带来的影响

一般情况下,每一个行业的价值链是相对稳定的,如果不是行业中出现重要的突破性技术,或者加入了具有行业巨大影响力的中间环节,行业中的价值链一般不会轻易发生变动。但是,随着现代社会的发展,各行各业的发展变化速度可以用日新月异来形容,因此在各行各业的产业链中,往往也会出现变动。其中产业价值链的压缩,给产业链中的企业带来的影响是最大的。

这一原因很容易理解,因为如果企业中出现的是价值链延长的变化,那么往往会带动一部分新的企业加入到行业中,而且行业中原有的企业也可以把自己的产业进行一定程度的扩张。所以,如果是行业中出现了价值链延长的情况,那么对于大多数企业经营来说,不会带来太多的负面影响,有时还可以帮助企业释放一定的竞争压力,或者加强产业链中的上下游合作,对价值链中的企业经营起到一定的促进作用。

价值链压缩则和价值链延长恰恰相反,这种价值链的变动很可能会让产业链中一些企业随着价值链压缩一起被迫离开市场,同时,留在价值链内部的企业之间的竞争也会变得更加激烈,因为产业链内部的资源随着价值链的压缩也在发生减少。因此,价值链压缩会给产业链内部的企业经营带来很大的不利影响。

三、如何避免价值链压缩带来的影响

在企业经营中,钳子攻势导致的价值链压缩是更为多见的。如果企业不幸处于价值链的钳子攻势威胁之下,下面给出的几种方案可以帮助企业尽可能避免价值链压缩带来的负面影响,见图6-3。

1. 价值链扩张
2. 引入新的竞争者
3. 开发新的商业机会

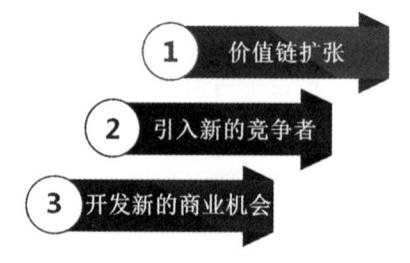

图6-3 企业如何避免价值链压缩带来的负面影响

1. 价值链扩张

在经营管理的过程中，企业需要及时进行生产模式的变革，不要固步自封，否则很难摆脱上下游企业的钳子夹击。企业可以倚仗自身经营中的优势部分，在其基础上进行价值链扩张，争取进入与当前企业价值链相邻的生产环节中，增加企业在整个行业价值链的参与度，同时增强企业的盈利能力和竞争优势，增强企业抵抗上下游企业夹击的能力。

2. 引入新的竞争者

如果位于钳子中间的企业势单力薄，企业可以采取引进新的竞争者的方式来削弱上下游企业制造的高压。比如，企业可以采取一定的引导措施，鼓励新加入产业链的企业在自身价值链的上下游环节中进行经营和发展，使其对价值链上下游的参与者构成一定的竞争压力。这样，上下游产业链中的企业对中间产业链的攻势就会放缓，降低价值链压缩带来的巨大压力。

3. 开发新的商业机会

如果企业想要从根本上摆脱被上下游强势企业辖制的经营状况，最彻底的方案就是给企业制定新的商业计划，争取在当前现有的价值链环节之外开发新的商业机会。这对于很多企业来说并不是一件容易的事情，但是当钳子攻势已经形成之后，对于企业来说，就时时处在上下游两家企业的威胁之中。如果企业能够勇敢面对并努力改变这种局面，则可能开发出更好的商业运作模式，或者在产品生产方面做出创新，让企业彻底摆脱危险，甚至成为比上下游企业的业绩和盈利能力更加优秀的企业。

在当前互联网科技潮流的冲击下，各行业的陈旧规则都在快速发生转变，数十年来稳定的利益格局在短短几年中就可能会被打破。因此，企业要深入分析自身所处的行业价值链的变动形势以及未来的发展方向，把握时代发展的动向，对企业经营进行及时的调整，降低因行业变动带来的损失，同时抓住新产业可能给企业带来的发展机遇。

第四节　强化价值链薄弱环节

在企业所处的产业价值链中,并不一定所有的价值链组成企业都具有较强的生产能力或竞争优势。在一条完整的价值链中,往往会存在一些比较薄弱的环节,也就是在整条产业链中业绩较差的上下游企业。不要小看了这些看似不起眼的产业链薄弱环节起到的作用,它们的存在很有可能会拖慢整条产业链的生产速度和盈利能力,对于产业链中的每一个组成企业都有可能造成潜在的影响。因此,在经营的过程中,一定不能忽略产业价值链中薄弱环节可能给企业经营带来的潜在影响。本节就来介绍如何在企业经营过程中对企业所处价值链中的薄弱环节进行强化。

一、价值链中的薄弱环节会带来什么影响

下面通过一个案例来比较形象地说明产业价值链中的薄弱环节具体是如何给企业的发展带来影响的。

在1960年左右,全球知名快餐企业麦当劳正准备实施其品牌发展扩张计划。在计划实际执行的过程中,麦当劳必须要保证能够提供长期稳定的高质量产品,否则就难以保证其发展计划的顺利推行。但是,当时的食品工业供应基础十分薄弱,远远不能达到麦当劳实施扩张计划提出的要求。就拿土豆片这一原材料为例,由于美国农场主等影响因素,在加工过程中出现了一定的问题,导致影响了麦当劳制作的炸土豆片的质量。从麦当劳企业的角度上看,土豆的种植和初加工环节就是其在整个价值链中最为薄弱的环节。也正是因为麦当劳土豆供应商的表现不能达到要求,因此麦当劳品牌的快速扩张计划也被迫搁浅了。

二、为什么要强化价值链的薄弱环节

通过土豆供应商对麦当劳企业的供应造成影响这一案例可以看到,很多时候企业可能会被行业价值链中上下游企业的糟糕表现所"拖累",这些上下游企

业的经营质量和生产能力有时会限制企业提高客户价值以及竞争优势的能力，影响企业发展的长期规划。为了防止这种情况导致企业在发展过程中被外界因素扰乱，企业才会开始尝试强化价值链上的薄弱环节。这一企业活动模式可以有效提高上下游企业的经营能力，从而有效提高整个体系的表现和质量，为企业的长期发展铺平道路。

不论哪一个行业，都会存在一条或多条价值链，这些价值链共同组成了产业的价值生产。可以把行业的价值链看成一条河，河上有很多桥梁，桥梁相当于价值链内部的一家家企业。一条河能够通航多少船只，就等于价值链能够创造多少价值。为了分析一条河的通航能力，必须考虑河上桥梁的高矮，往往河道上最矮的那座桥决定整个河流的通航极限，因为不论其他桥梁有多高，只要无法通过这座桥梁，船就注定不能在河流上通行。

每一条河流上都会有一座最低的桥，放在产业价值链中，这一定律也是适用的。在任何行业的价值链上都一定会有一个最薄弱的环节，也就是生产制造能力最为薄弱的企业。如果想要提高河流的通行能力，就必须想办法加高那座最低的桥梁。如果行业想要提高其价值链的价值生产能力，就必须采取办法提高生产制造能力最差的企业的能力。

在企业经营的实际情况中，也是按照这一规律来进行的。大家可以看到，在一些比较极端的案例中，生产制作能力处于领先地位的上下游企业为了有效提高企业的价值生产能力，会控制价值链中生产能力薄弱的企业，强行提高其生产能力，这样才能为自己企业的提升打下必要的基础。也有一些企业会选择采取强化行动，生产能力较为强势的企业会通过自己的方式来扶持和强化生产能力比较薄弱的企业，这样可以提升整个产业价值链的价值生产能力。对于处于强势地位的企业来说，这样做也可以让他们更好地实施自己的发展提升计划。

三、如何强化价值链中的薄弱环节

强化行业价值链中的薄弱环节，可以帮助强势企业提升和改造那些阻碍自身发展的业绩较差的上下游企业，防止这些企业阻碍强势企业提高客户价值和提升竞争能力。因此，作为产业价值链中比较强势的企业，有必要付出一定的时间和精力对价值链中比较薄弱的环节进行强化。不过，这里所说的强化价值链中的薄弱环节，并不一定就是采取极端的收购措施，企业也可以采用战略联盟或者帮助扶持等方式来达到自己的目标。下面来讲解一下强化价值链中薄弱环节的具体思路。

其实企业强化价值链的薄弱环节，主要是围绕一个核心的思路，那就是通过各种适合的方式来帮助薄弱环节提升生产能力或服务能力，使其能够符合自身企业的设计需求和战略规划，从而对企业自身的发展带来更多的价值提升。在企业强化价值链薄弱环节的过程中，可以从如下三个步骤入手来进行具体的规划，见图 6-4。

1	2	3
分析薄弱环节的组成	制定薄弱环节的强化方案	强化企业在价值链中的地位

图 6-4 企业强化价值链薄弱环节的步骤

1. 分析薄弱环节的组成

首先，企业需要做的就是锁定价值链中的薄弱环节的具体部分。比如，企业受影响的价值具体由哪些问题组成，在价值链中哪些组成部分与其相关，具体的薄弱环节是企业的客户还是企业的经销商、供货商等。锁定了对于企业发展经营具有实际影响的产业链薄弱环节，企业就可以更加有的放矢地对具体的薄弱问题进行分析和强化。

2. 制定薄弱环节的强化方案

接下来，企业需要思考的就是如何处理价值链中的薄弱环节，主要是采取怎样的行动，比如说对这些企业进行收购或者帮助扶持等。不论采取什么样的方式，企业要尽可能地实现价值最大化和风险最小化，同时降低在这一过程中需要花费的成本。

3. 强化企业在价值链中的地位

企业在对产业中的价值链进行强化的过程中，还需要思考如何充分利用这些薄弱环节的强化过程，使这项行动可以达到企业预期的效果，尤其是巩固自身在价值链中的有利地位。对于强化薄弱环节的应用部分，企业需要使这项行动的价值最大化，争取得到更多的投入回报。

第五节　价值链重新整合

如今，在很多大型企业的经营过程中，可以发现这样一种趋势，那就是在经营过程中逐渐进行价值链的重新整合。这种做法从表面上看似乎和之前讲的价值链拆分的企业经营方法背道而驰，但是在企业发展的不同阶段，就应该根据实际需求来进行经营战略的选择。不论是价值链的拆分还是价值链的重新整合，其目的都是为了增加企业创造价值的能力，也是为了增强企业的竞争能力。下面就来对价值链的重新整合方式进行介绍。

一、价值链整合的概念

价值链整合指的是在企业经营过程中，为了让自身囊括的业务领域更广泛、更直接，将企业的价值链活动范围后向扩展到供应源或者前向扩展到最终产品的消费者的行为。简单来说，价值链整合就是企业在经营过程中逐渐扩张自己在行业价值链中的业务范围，扩展自身的业务领域。

二、价值链整合的类型

价值链整合分为两步，即先对行业中价值链各环节进行选择，然后再根据企业掌握的价值链环节来进行组合。具体来说，企业在进行价值链的整合过程中，会做出分解、整合、共享、外包等不同的企业行为，见图6-5。

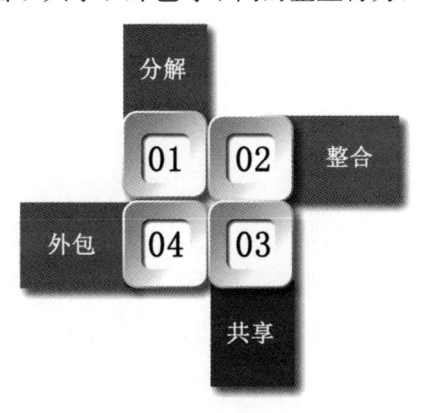

图6-5　企业价值链整合过程中的各种行为

下面来介绍三种企业价值链整合的方式。

1. 专注于价值链某个环节的强化

选择使用这种方式的企业，需要在经营中重新审视自身在价值链条中参与的价值过程，并从企业产品功能和生产成本的角度出发，研究自身在价值链中哪些环节上具有比较优势，或者在未来的企业经营中建立起竞争优势，之后集中力量培育并发展这种优势。

企业还可以从维护品牌的角度来分析自身在价值链中最重要、最核心的环节，在制定未来的企业经营战略时，保留并增强这些环节上的能力，同时把一些不具有优势或者不属于企业经营核心的环节分离出来，寻求合作伙伴来进行分担，共同完成整个价值链的全过程。比如说，某些制造业企业在劳动力成本方面具有明显的比较优势，而在技术方面则存在劣势，因此企业在整合价值链的过程中就需要扬长避短，专注于制造环节，与那些技术方面存在优势的公司进行合作，完善企业掌控的价值链体系。

2. 整合资源构建新价值链体系

如果企业处于买方市场的环境中，尤其是在企业生产能力相对过剩的情况下，市场上往往存在很多相对独立且具有一定比较优势的增值环节。对企业来说，这些社会资源还存在很大的利用价值。如果企业想要让这些分散的环节创造出新的价值，那就一定要通过价值链重新整合把它们串联起来。企业构建新的价值链体系的前提是掌握丰富的信息，并具有新的经营观念和敏锐的战略目光，为行业构建价值生产能力更强的新价值链体系。

3. 虚拟经营和外包

虚拟经营是企业在网络经济和电子商务市场背景下的一种关键经营方式。通过虚拟经营，企业可以很好地增强自身在选择合作伙伴、合作领域、合作方式以及组织结构等方面的灵活性。在企业活动中，可以借助互联网技术快速高效地发布和接受业务数据和行业信息，不仅有效提升企业处理信息的效率，而且大大降低了企业在经营中面临的风险，让企业在资源、技术、人员、物流、配送以及安全等多方面发挥协同优势，对于企业经营具有重要的意义。

企业的外包战略是指将企业掌握的价值链中非核心环节的业务外包给其他企业来处理。一般企业进行外包的对象都是中小型企业，这样有利于企业降低产品生产和制造的成本，而且还可以更好地引进和利用企业外部资源，帮助企业确立更加稳固的行业竞争优势。在企业制定发展战略时，业务外包模式可以给企业提供更大的灵活性，特别是在现代企业经营中，涉及购买新技术、新产品，或者生产制造复杂系统的组成零部件方面，使用外包模式可以给企业带来更大程度的便利。

站在产业价值链的视角来看，如果有多个一流的供应商同时生产一个系统的组成部件，对于外包企业来说，也可以降低专有资产的投资，缩短产品的设计和生产周期，有利于提升外包企业的价值生产效率。而掌握人才优势和技术优势的龙头企业，可以在外包公司的支持下更快地更新产品，不用担心产品的生产制造环节。

企业实行价值链整合过程中的外包战略，实质上就是把其在研制技术和生产零部件的过程中承担的风险扩散到每一个供应商身上。对于企业来说，外包之后，就无须承担零部件研究与开发失败的风险，也不必为新零部件的生产系统进行投资或不断扩大配件的生产能力，企业的生产经营成本可以得到很大的节约，此时企业就可以集中全部精力提升自身核心业务在行业中的竞争力，更好地巩固自身的行业地位。

三、企业价值链整合的效应

企业通过对产业价值链的重新整合，可以实现自身优势价值链对劣势价值链的替代，让企业的生产优势变得更加集中，这对于企业的长期发展战略来说是十分重要的。在对企业价值链进行重新整合的过程中，企业会对价值的功能进行深入的分析，从而剔除原企业价值链中多余的环节，降低企业生产经营中的价值消耗，提升企业的价值生产水平。

在对价值链整合的过程中，企业可以根据行业中各种生产要素对价值增长的贡献程度，对企业的价值链进行整合，这样可以让新的企业价值链实现价值生产方面的最优配置，让企业的价值产出效率得到更大的提升，这是企业价值链整合可以实现的最为关键的原因。

在企业价值链重新整合的过程中，可以分成企业的实物价值链整合和虚拟价值链整合。下面对这两个概念分别进行介绍。

1. 实物价值链整合

实物价值链整合指的是企业对内外部的资源进行全面整合，包括对企业产品生产线的整合、对客户资源的整合、对供应商的整合等。在实物价值链的整合过程中，又可以分为多种类型的重组整合，比如企业价值链的横向重组，就是利用企业规模经济，提高企业的价值生产能力；企业价值链的纵向重组，重点则是在企业进行价值链整合的过程中理顺上下游企业之间的关系，调整好企业与客户和供应商之间的关系；企业价值链的混合重组，则是将企业中原本相互独立的价值链相互融合，使之产生更大的协同效应。

2. 虚拟价值链整合

企业虚拟价值链整合指的是企业对自身与信息有关的职能活动和资源配置活动进行整合的过程。企业虚拟价值链的整合实际上是对企业内部的发展战略、企业文化、内部管理与组织等环节进行整合的过程。

企业通过对实物价值链和虚拟价值链的整合，可以在新的企业价值链中形成以提升自身核心竞争力为目标的新价值系统。为了重新构建这一新价值体系，企业必须去掉原价值链中价值生产能力不强的环节，并对价值链中的一部分节点进行合并，合理安排新价值链中不同环节的先后顺序，最终形成优于重组整合前的新价值体系。

企业通过新价值链的构建，可以使企业供应、生产、销售以及服务等各环节的各项价值活动在企业经营中的连续性得到提高，消除企业经营过程中出现的价值浪费问题，不断提高产品质量。企业的价值体系也可以在价值链重新整合的过程中不断改进，以促进企业内部价值体系的持续完善和提高，长期增强企业的价值创造能力。

从表面上看，企业进行价值链重新整合就是把企业的资本、技术、商品以及管理等企业经营的各个环节进行融合，但企业价值链整合的深层次内涵是对产业价值链中不同企业文化融合和吸收的过程。在这个过程中进行的是企业虚拟文化价值链的整合，虽然这一价值链的表现十分隐蔽，但是对于企业的发展却具有指示性的作用。因此，在企业进行产业价值链整合的过程中，要积极创造适合企业快速发展的新企业文化虚拟价值链，与企业的实物价值链齐头并进，为企业的长期发展打下良好的基础。

第六节 造车新势力与汽车行业价值链整合

近几年来，我国市场上涌现了大量的造车新势力，新能源汽车开始吸引大量投资人的注意力。本节将对我国的造车新势力一一进行分析，并对其发展模式、发展战略以及未来我国汽车行业的价值链整合进行分析。

一、造车新势力与国内新市场

目前，可以把我国的新能源乘用车分成两个不同的细分市场来进行讨论，一是消费市场，二是出行市场。这两个市场中，新能源汽车在产品属性和服务属性等方面都有较大不同，在未来的产业发展中还会继续进行分化，这种特点首先就降低了国内新能源汽车企业的新进入者在细分领域中进行突破的难度。如果未来行业做进一步细分的话，突破的难度还会降低。

市场分化对于我国造车新势力的具体影响有两点：第一，让当前市场上的成熟汽车制造企业继续开发新能源汽车技术，并在消费市场继续发力，同时开始在出行市场进行布局，比如吉利开发曹操专车，滴滴和大众组建合资公司等，都是这方面的典型案例；第二，国内造车新势力也开始在两大市场中纷纷做出自己的选择，比如蔚来、奇点和前途等品牌主攻消费市场，车和家、新特等汽车品牌则主攻出行市场。

新能源汽车的属性和出行市场天然具有许多契合的特点，这也让出行市场成为新能源乘用车在市场上崛起最为容易的突破口，大家可以看到很多营运用车都采用了新能源车型。但是，目前我国造车新势力在制造环节还没有形成坚固的行业护城河，这是未来造车新势力需要在价值链中进行突破的方向。

二、造车新势力需要突破的行业瓶颈

在我国市场中，出行平台的快速崛起无疑给造车新势力提供了快速发展并抢占市场的机会，但是对于新能源汽车整车制造环节来说，则意味着价值链即将迎来重新分配的机会。出行平台方在产业价值链中的话语权得到了显著的增

强,下一步它们的选择是与多家车企进行合作。

但是,出行平台的快速崛起也带来了两个问题:一是目前新能源汽车产品趋于同质化,这对行业的未来是不利的;二是车企在运营市场中很难建立自己的品牌溢价,价值提升的效率比较低。

目前和出行平台关系最密切的主要是两类造车新势力:一是在消费市场中已经完成足够品牌积累的企业,比如大众和滴滴一起成立的合资公司就属于此类;二是造车新势力中品牌实力并不是十分强势的企业,这些企业希望通过和出行平台进行合作,更快地打入市场,比如新特和摩拜的合作就属于此类。而那些将自身品牌建设作为发展重心的新势力企业,并不是十分热衷于与出行平台进行合作。

不过,不论当前国内新能源汽车市场上的竞争格局如何发展,出行市场都会对新能源汽车生产制造中的核心零部件以及动力电池等核心价值链起到十分重要的拉动作用。大家可以对我国未来新能源乘用车的长期成长空间保持信心,新能源汽车的上下游价值链未来仍然具有巨大的成长空间。

三、造车新势力的硬件价值链搭建思路

与出行市场当前的发展状况不同,我国新能源汽车在消费市场中面临着比较激烈的竞争压力。但是,如果企业可以在品牌效应方面有所建树,那么未来就有可能对全产业链价值分配产生影响。下面就对主攻消费市场造车新势力的价值链搭建突破思路进行分析,并对这些企业的造车特点进行总结,见图6-6。

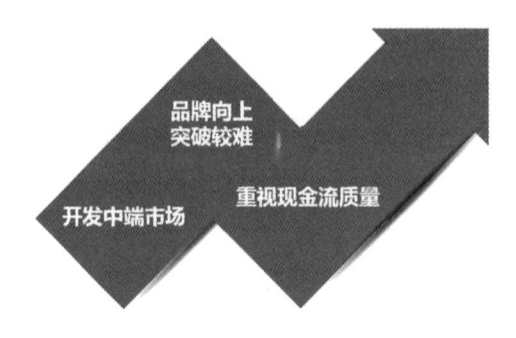

图6-6 造车新势力的造车特点

1. 开发中端市场

主攻消费市场的汽车品牌,主要将产品定位在中端市场,而中端市场正是汽车行业中体量最大的细分市场。很多主攻消费市场的汽车品牌将企业推出的第一款整车产品定为 SUV 品类,这一车型正是中端市场的代表,而且市场容量还在持续提升,目前仍然具有极大的潜在市场空间。此外,主攻消费市场的造车新势力十分重视客户培育的环节,它们积极采取各种积累客户的方式来扩充品牌的客户数量,为品牌日后的发展做更加长远的打算。

2. 品牌向上突破较难

很多定位在消费市场的造车新势力在进入市场的早期,倾向于通过低价战略快速切入市场。但是当企业的发展形成一定规模,并获取了足够数量的客户群体后,这些企业多数不会选择向高端化的方向发展,而往往选择在同一级别的市场继续增加产品品类和服务内容,并把企业发展的重心放在强化生态网络建设方面。

在过去对于传统汽车行业品牌发展的印象中,往往认为汽车品牌的发展是一个不断从低端产品向高端产品突破的过程。但是这一规律在当前造车新势力的发展过程中并不适用。因为传统的汽车制造行业已经经历了上百年的发展,在品牌定位和梯度建设方面已经形成了非常清晰的体系。强势品牌依靠品牌多年经营积累的认可度,就足以碾压弱势品牌在同价位、同级别中的各种车型,所以弱势品牌只有通过不断向上突破,才有可能让品牌的竞争力得到提升。

但是,随着智能化制造和网联化发展在国内的推广,这一情况可能在未来的新能源汽车市场上不会再继续上演。如果造车新势力可以在中端客户市场上获得阶段性成功,可以不必急于向上突破,而是通过发布新车型来切入市场空间更大的中低车型品类,依靠自身在前期发展中积累的客户基数,打造属于企业自身的品牌护城河,在自身占据优势的细分市场上进行后续企业价值增长点的持续扩充。如果造车新势力按照传统汽车的经营发展方式选择向高端车型去突破,一方面面临的风险较高,另一方面可能带来的回报也不尽如人意。

3. 重视现金流质量

造车新势力在发展早期需要把积累客户群体作为发展的第一目标，很多企业都会通过低价策略快速抢占市场，尽管它们在发展初期会牺牲一定的盈利能力，但是可以换来更大的发展空间。

从新能源汽车发展的长期趋势来预测，大多数车企应该会实施低毛利的经营战略。由于当前新能源汽车市场上百花齐放，因此造车新势力也需要选择与之对应的商业经营模式，不能只把目光局限在单品的盈利能力上，而是要追求更高质量的现金流。高质量的现金流一方面可以保障造车新势力高效吸收客户，另一方面对于行业价值链生态网络的可持续性发展可以起到很好的强化作用。

第七章　黑模式3：渠道变革

"渠道"原本的意思是水流的通道，这一概念在商业领域中成为一个重要的概念，指的是企业产品的流通路线。企业渠道建设对于企业产品的销售至关重要，它会进一步影响企业盈利能力的提升。本章就围绕企业的渠道变革模式展开详细的叙述，帮助读者掌握企业渠道的建设和变革方法。

第一节　关于渠道作用的三点认识

首先介绍一下"渠道"这个概念的具体含义，然后再阐述渠道在企业经营中发挥的作用。

一、渠道的定义和级别划分

美国营销协会对"渠道"这一商业概念给出了如下定义，即企业内部的组织单位和企业外部的代理商或经销商、批发商与零售商的结构。

从经济学的角度来讲，当企业产品生产出来之后，自然就会形成其内在的价值，现实中又常常以价格的形式来代表产品所蕴含的内在价值的多少。在企业的实际经营中，价格浮动往往受到很多复杂因素的影响，企业的销售渠道就是其中一个十分重要的影响因素。自从企业产品离开了生产线，面临的第一个很重要的问题就是产品流通。任何一件产品，只有在市场上正常地运转和流通，才能让其中蕴含的价值得以真正实现，才能给企业带来真正的经营利润。所以，作为企业商品流动的通道，渠道的意义对于企业无疑是十分重要的。如果企业在市场流通的过程中能够做好产品渠道维护工作，就可以从根本上杜绝因产品滞销带来的诸多问题。下面再来具体介绍一下渠道级别的划分。

通常将企业中的销售渠道结构按照其组成部分划分为四个等级，分别是零级、一级、二级和三级销售渠道。

（1）零级销售渠道。

零级销售渠道的结构最为简单，就是从生产者直接到消费者的结构，其间只有两个环节。

（2）一级销售渠道。

一级销售渠道则是由三个环节构成，即从生产者到零售商，再到消费者的结构层次。

（3）二级销售渠道。

二级销售渠道有四个环节，即从生产者到批发商，到零售商，再到消费者的结构层次。

（4）三级销售渠道。

三级销售渠道则由五个环节构成，有两种常见的结构层次，一种是从生产者到代理商，到批发商，到零售商，最后到消费者；另一种是从生产者到批发商，到中间商，到零售商，最后到消费者。

上述渠道分类方式是根据中间商介入的层次来进行划分的。在企业经营的一般情况中，产品渠道建立得越长，中间的环节越多，企业产品进入市场后期得到扩展的可能性就越大。但是，企业的销售渠道也并非是层次越多越好，因为随着渠道层次的增加，企业对产品销售的控制能力也会越来越低，而且企业收到各个层次提供的信息反馈的清晰度也会越来越低。由于产品渠道设计的质量会直接影响到企业的盈利能力和未来发展，因此企业必须要对产品渠道的建设环节加以重视，选择适合企业使用的产品销售渠道。

零级销售渠道主要是大宗商品、贵重产品或者因技术复杂需要专门服务的产品所使用的销售渠道。零级渠道的特点就是产品和服务直接从生产者销售给消费者。

对于普通商品来说，目前很多企业发现自身产品的利润被渠道中的层层环节所瓜分，因此近几年来，越来越多的企业开始舍弃一级和二级批发商，缩短渠道的链条，直接掌控终端市场，提高企业生产制造产品所获得的利润率。企业渠道控制是企业营销的关键所在，现在经常听到市场上有一种说法叫作"渠道为王"，这是有一定道理的。

二、对渠道作用的三点认识

在企业营销渠道发挥的作用中，比较重要的有如下三项，见图 7-1。

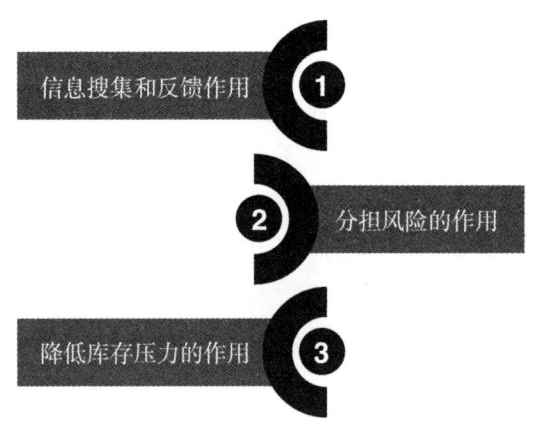

图 7-1 营销渠道发挥的三项主要作用

1. 信息搜集和反馈作用

企业营销渠道可以促进渠道中各成员间的相互合作，尤其是不同主体之间的联系及信息交流等方面，可以在生产与消费之间发挥出很好的信息沟通作用。如果企业能够有效利用营销渠道搜集市场信息，向渠道成员传递厂家信息，那么就可以十分有效地提高企业在市场中的竞争力。营销渠道的这一作用已经成为大量企业关注的焦点。

进入信息时代后，行业中所有的企业都已经认识到信息对现代企业发展的重要性。及时、准确的市场信息可以说是企业发展的重要资本，也是现代企业参与市场竞争的主要优势。

营销渠道在企业经营中可以发挥的重要作用之一，就是能帮助企业搜集大量准确的市场信息，并有效地向渠道成员传递厂家信息。今天已经进入以消费为导向的市场经济新模式，对于企业来说，如果能及时准确地了解客户当下的需求信息，就可以为企业的经营决策提供可靠的依据，开发出更加符合客户需求的产品，在市场上抢占先机。

在企业的经营中，每次推出新产品或新服务的时候，很大程度都需要依赖营销渠道来进行传播。营销渠道可以对企业的产品销售起到十分重要的促进作用，帮助企业有效提高其产品的竞争力。有了营销渠道的帮助，企业交易的次数往往可以获得显著下降，企业的销售成本也得以降低，最终实现企业盈利能力的提高。

2. 分担风险的作用

企业营销渠道可以起到的另一个十分关键的作用就是分担风险。大家都知道，鸡蛋不能放在同一个篮子里。企业如果在市场上有多个产品，那么就可以分散每一个产品所承担的风险。同样的道理，对于企业营销渠道的构建来说也是这样，分布于企业营销渠道中的各个成员，也可以起到分担企业风险的作用，这就为企业的长期生存和发展提供了十分可靠的保证。这一作用对于发展处于起步阶段的中小型企业来说更是非常重要的，由于中小企业的经营实力不强，承担风险的能力也有限，因此营销渠道中各个成员如果能帮助企业分担风险，对于这些企业的生存和经营来说十分有利。有了营销渠道的有力支持，企业就可以集中有限的资源来发展企业自身的长项，加快企业的发展速度。

3. 降低库存压力的作用

企业的营销渠道可以起到的最后一个关键作用就是降低库存压力。企业生产的产品最终需要通过销售渠道流向各级分销商和客户，可以说销售渠道的作用就是承担企业的分销工作。与此同时，销售渠道还可以视作企业的一个非常庞大的库存空间，企业可以把生产的产品储存在各级分销商的库存之中，而且产品在营销渠道流通的过程也相当于处于库存的状态。由此看来，营销渠道的存在让企业的库存成本得到了很大程度的降低，尤其是对一些季节性较强的产品来说，营销渠道的这一功能就显得更加重要，比如空调、冷饮等。营销渠道降低企业库存压力，可以说在一定程度上延长了企业生产产品的周期，让企业在原有生产能力基础上继续增加产量，提升企业的盈利能力和在行业中的竞争能力。

第二节　渠道与产品、利润的关系

本节将介绍在企业经营中，销售渠道与企业产品以及利润之间的关系。通过阅读本节内容，读者将对企业销售渠道的建立有更加清晰的认识。

一、产品与渠道的关系

首先对企业产品和销售渠道之间的关系进行介绍。在企业发展的过程中，一款新产品往往需要经历三个发展阶段，一是产品的萌芽期，二是产品的发展期，三是产品的成熟期，见图 7-2。

图 7-2　产品发展的三个阶段

在产品发展的不同阶段，往往对应的是企业销售渠道的不同方式，下面就对这部分内容进行具体的介绍。

1. 萌芽期的产品渠道

在企业产品处于萌芽期时，就要对产品的销售渠道进行布局。开始可以多选择几种渠道测试销售的效果，逐步筛选出适合产品销售的渠道。企业要争取尽快筛选出对新产品最容易获得有效流量的销售渠道，为产品发展成熟后的销售渠道选择提前选定区间。

在这个过程中，企业最好选择多个渠道测试产品销售，因为一开始并不知道哪个渠道的销售效果更好。在这个过程中，也不用对太多的销售维度进行测试，因为测试需要花费企业大量的时间和金钱。此时企业需要做的是选择一个具体渠道中的具体形式，通过具体的实践得出产品销售方面的结论。比如企业在销售渠道选择中的侧重点是客户行为追踪，那么就可以在产品萌芽期进行大量的客户行为追踪实验，通过数据反馈，就可以分析出客户从哪些渠道获取了企业产品的相关信息。客户行为追踪是选择推广渠道的依据。

企业选择产品萌芽期的销售渠道时，需要重点关注客户质量的问题，在此期间，要把获取高质量客户作为营销的核心目标。高质量客户可以在产品发展后期转变成有效的流量，客户愿意为产品付费的数量就是衡量高质量客户最直接的判断标准。可以通过营销渠道高质量客户的转化率来很好地判断一条营销渠道的具体运营效果。回收不同渠道的销售数据，企业可以收到具体的数据反馈，因为数据会体现客户的渠道来源，也可以由此计算出不同渠道的转化率情况。

最后企业可以进行成本核算，看看在不同渠道中的投放收益，从而比较出不同营销渠道的优劣。

2. 发展期的产品渠道

当企业在产品萌芽阶段找到效果比较好的产品销售渠道后，下一步就是要在产品发展期中对这些渠道进行深入开发，锁定产品销售的核心渠道，提升渠道中的客户质量，持续提升产品的销售收入。

在产品发展期，企业在销售渠道建设方面需要重点关注核心渠道，杜绝没有针对性地进行渠道扩充，否则很容易导致精力分散，反而不能为企业带来持续稳定的销售收入。在此期间，企业需要做的就是稳定引流，也就是让开发出的核心渠道为产品销售提供持续稳定的流量支持，争取提升产品的销售收入。

3. 成熟期的产品渠道

当企业的产品逐渐进入成熟期后，企业就需要在主要渠道的基础上对渠道进行进一步的铺展，让产品的营销效果达到最大化。如果企业同时具备多条可以稳定带给产品销售量的渠道，那么这些渠道就会形成矩阵，共同提升产品销售业务的稳定性。在这个过程中，企业在扩张渠道数量的同时，也不要放松对客户质量的要求，这样才能保证企业的销售渠道为企业持续带来稳定的销售业绩。

以上就是企业产品处于不同阶段应该采用的营销渠道建设方案，下面来介绍渠道与利润之间的关系。

二、渠道与利润的关系

可能在很多企业看来，渠道的作用就是帮助企业把产品销售出去。当销售额提升上去之后，自然可以源源不断地获取盈利。实际上，渠道与利润之间的关系并不像表面看上去那么简单。

大家可以把渠道看作一种特殊的企业盈利模式。在企业的实际经营中，即便不更换自身生产的任何产品，只要对渠道进行适当的改变和调整，就能提升企业的利润。这就是渠道对于提高企业利润的重要意义。

在财务中，对利润有一个十分简单的计算公式，即：利润＝收入－成本。

在这种思想的指导下，企业可以通过营销来提升收入，通过管理来降低成本，最终实现增加利润的目的。但是在企业经营实践中，这种思路并不是那么容易实现的，因为收入和成本之间的关系不是相互孤立的，而是处于相互作用和相互转化的动态过程中。如果只是单纯从营销和管理的角度来思考，并不能完全解决利润增长的问题。

实践中，还是需要从企业的实际经营情况出发来思考这一问题。在企业实际经营中，往往花费最大、增长最快的是销售费用，而这部分费用有很大一部分实际上是进入了经销商的口袋。那么，对于企业来说，如果对产品的销售渠道进行合理的规划和调整，完全可以降低这部分支出，也就可以提高企业的盈利能力，因此说销售渠道是一种特殊的企业盈利模式。

可以把企业的渠道盈利模式具体分为三类。

1. 节省销售费用

如果企业可以采取恰当的经销商管理方式，降低渠道费用，就可以实现企业盈利的提升。比如，企业可以设置合理的经销商布局和科学的销售渠道建设，这种方式往往受到企业实际执行力的制约。此外，企业还可以通过设置合理的促销方案，帮助经销商提升整体盈利水平，这种方式可以实现企业和经销商的互利双赢，经销商的整体盈利能力得到提升，企业的销售费用也可以得到一定程度的降低。

2. 减少不必要的渠道层级

这种方式中最具有代表性的就是渠道扁平化方案。具体来说，就是减少渠道中经销商的层级和数量，这样经销商获得的利润增加，企业付出的营销费用就可以减少。不过需要注意的是，如果企业过于追求扁平化的渠道建设方案，那么往往会大幅度提升管理方面的难度，反而会提高企业的管理费用，因此企业需要把控好这一界限。

3. 建立厂商联盟

在中国制造型企业的实际经营中，普遍存在资金紧张的问题。在这种情况下，企业可以选择与经销商平等合作、互利共赢，这样一来，企业发展所需的资金问题就得到了很大程度的释放，对于经销商来说，也可以为资金找到合适的投资渠道。通过厂商联盟的方式，也可以促进企业销售渠道的建设和发展，提升企业的实际盈利能力。

第三节　拓宽渠道

中小企业进行企业营销的过程中，很多时候往往需要一种"借力"的经营思想。中小企业如果想要更好地销售自己的产品，就要寻找更大的经销渠道来作为企业营销的助力。如果企业有更多、更宽的销售渠道，可以在产品营销的过程中省去很多麻烦。例如，可以节约大量的销售人员和管理人员，不用设立过多的部门来负责产品营销管理。只要企业把销售渠道建立好，剩下的销售工作往往可以实现事半功倍的效果。对于体量偏大的企业，则需要在拓宽销售渠道的基础上尽可能多地控制渠道，把渠道管理掌握在自己的手中。下面就来具体说一说企业如何在经营管理的过程中进行销售渠道拓宽。

一、渠道建设的实用技巧

1. 通过让利快速搭建渠道

在企业经营中，往往起步阶段就需要格外重视渠道建设，这时候渠道比企业品牌更重要。如果企业在市场上还没有站稳脚跟，一定要想办法先把东西卖出去，比如借助外界渠道的帮助来实现这一目标。企业可以采用高利润定价、低利润销货的方式来进行销售渠道的搭建，因为这样渠道中的经销商可以分得足够的利润，他们会更愿意与企业进行合作。如果企业急于建立自己的销售渠道，这种让利的方式可以帮助企业更快地达到自己的目标。

2. 人力销售渠道的妙用

人力促销是在现代企业经营中容易忽视的重要销售渠道。如果有可能的话，多派人去做产品的销售或者促销等活动，对于企业来说是比较划算的。虽然每天会增加一定的销售人力成本，但是往往可以带来销售额的有效提升。人力促销的优势其实不只在于销售产品本身，还可以帮助企业更加深入地了解合作伙伴的具体情况，甚至实现对销售渠道整体状况的实地考察，这些都可以为企业决策提供帮助。

3. 通路创新打开销售渠道

当企业拥有了一两条稳定的销售渠道后，下一步要做的就是销售通路创新，进一步拓展新的销售渠道。在企业经营中，不能只满足于一批客户或者一两条渠道，这样企业抵抗风险的能力不够强。企业做好现有的几个渠道之后，还要继续进行新渠道的开发和探索。

如果没有好的销售渠道构建思路，企业可以参考借鉴国际市场中销售渠道构建的方式，通过模仿拓展企业的销售渠道。大家知道国际市场的体量要比国内市场大得多，而每年国内商品出口的增长速度很快，这条渠道中就蕴含着丰富的商机。

另外，也可以参考国外企业销售渠道的构建方式。在很多外国企业的经营管理中，往往销售渠道都是很集中的，通常他们只会和少数几家经销商打交道，这样做的好处是不会分散企业太多精力用于商业周旋等工作。只要企业方面可以把产品做好，把产品价格定好，就很容易与经销商达成一致，不用担心产品的销路。再加上信用证等方式可以帮助企业确保资金安全，不用担心回款等问题，只要集中精力做产品即可，这是值得国内企业参考和借鉴的。

二、拓展营销渠道的关键

国内企业营销渠道的发展从少到多，发展到今天已经有几十种常用的渠道，不仅营销的种类越来越多，而且构建方式也越来越专业。对于企业的营销渠道建设来说，可供选择的数量越来越多，但是在每个行业种类中，大家可以发现渠道建设具有集中的趋势，每一个行业都会发展出最适合自己的几种主流的营销渠道。企业要做的就是立足自身所处的行业，拓展最适合企业经营和发展的营销渠道。

实际上，广大中小企业想要拓展自身的营销渠道并不简单，因为这些企业在人力、物力和财力方面有比较明显的劣势。但是企业拓展营销渠道和企业盈利能力的增长息息相关，是企业必须攻破的难题。下面总结了企业拓展营销渠道的四个关键要点，见图 7-3，掌握了这些要点，可以帮助企业更好地拓展自己的营销渠道。

图 7-3　企业拓展营销渠道的关键

1. 突显特色

在拓展企业营销渠道的过程中，为了让经销商和消费者提升对企业和产品的认可程度，最好的办法就是突显企业和产品的独有特色。经销商和消费者需要的不仅仅是好产品，因为当前的市场上已经有各种各样的好产品。企业想要有效拓展自己的产品销售渠道，就必须突显自身特色和产品特色，增加企业和产品的认知度，这样才会有消费者愿意买，才有经销商愿意帮你卖。"酒香不怕巷子深"这句老话的确有一定的道理，但是现在有一种更符合时代的说法，叫作"酒香也怕巷子深"。企业不能一味地消极等待，必须主动宣传企业和产品的特色，让酒香飘出你的巷子。

2. 知己知彼

企业在拓展渠道的过程中，必须足够了解同行业竞争对手的情况，正所谓"知己知彼，百战百胜"。企业需要了解的是主要竞争对手的门店分布、门店数量、定价方针、促销模式、采购模式、结算方式以及物流运输系统等。如果可以，多研究竞争对手在营销渠道方面的长处，取长补短，有针对性地完善自己的营销渠道。

3. 学会让利

如果企业想要为自己新研发的优质产品构建营销渠道，可以给那些能够帮助产品快速打开市场的经销商足够的利润。对于企业来说，这样做可以让新产品快速在市场中占领一席之地，抢占市场先机；对于经销商来说，充足的利润则是他们与企业进行合作的动机。

4. 在线营销

互联网时代，线上营销渠道可以给企业带来十分可观的销售收入。近年来，越来越多的企业开始把企业营销重心转移到线上渠道。因此，企业可以把线上销售渠道的建设作为经营的重点，积极进行开发。

在企业的营销渠道扩展中，往往需要做很多具体的工作，每一项细节都是对企业经营和管理能力的考验，这也是扩展企业营销渠道的必经之路。营销渠道对于企业发展具有十分重要的意义，这个渠道就是产品的通路。如果能打通更多的通路，往往意味着企业的销售能力可以得到成倍的增长，是企业提升盈利能力的关键。

第四节　渠道集中与渠道压缩

在当前的新市场背景下，已经进入发展成熟期的企业需要对自身的经营模式进行突破性的变革，为企业争取更大的发展空间。在企业渠道变革领域，渠道集中和渠道压缩已经成为企业的主流选项。本节将揭示渠道集中与渠道压缩的发展模式背后的深层逻辑。

一、渠道集中是企业渠道变革的新趋势

在大多数企业经营的生命周期中，往往会经历一个客户规模快速发展的时期，一般把这个时期称为企业的成长期。现在，经过市场的快速发展，一大批企业的成长期基本结束，开始进入企业发展的成熟期。在企业发展的成熟期，企业经营中的主要盈利点往往会出现一个比较大的变化，需要企业使用新的经营策略来对企业进行更为有效的管理。

在企业发展的成长期，企业需要做的是设法提高产品的销售量，扩展一定数量的产品销售渠道。而在企业发展的成熟期，企业往往只需要巩固自己产品的主要市场即可，不能再像企业成长期那样以提升产品销量作为企业业务经营的核心，这就需要对企业的经营管理进行整合，提高管理的效率和质量，这样企业才能有效提升价值的产出效率。

接下来企业需要思考的是，如何构建适合企业当下需要的销售渠道体系，满足成熟期的公司发展。对于大多数企业来说，产品在成熟期一方面需要突显其典型特色，另一方面则是在原有销售模式的基础上发展规模效应和集群效应。渠道集中和渠道压缩，就是实现规模效应和集群效应的关键所在。

当企业发展进入成熟期之后，需要选择合适的方向进行销售渠道转型，而规模效应和集群效应对于提升企业的销售能力可以起到很好的帮助作用。规模效应和集群效应不仅可以实现企业产品大规模销售，而且可以降低企业在采购和销售方面的成本。在企业销售渠道集中化的过程中，还可以对企业的店铺管理规范、信息传输系统以及物流配送等方面进行全面的升级提高，最终提高企业的盈利能力，实现更大规模的经营效益。下面对企业如何实现渠道集中给出

几点建议，见图7-4。

01	02	03	04	05
管理集中化	运营专业化	机制市场化	组织扁平化	流程标准化

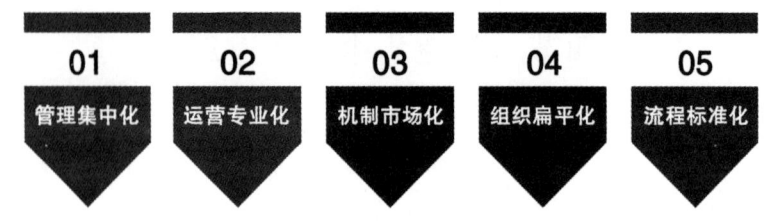

图7-4　企业实现渠道集中的思路

1. 管理集中化

管理集中化的内涵是比较宽泛的，其内容涉及企业管理的方方面面。比如，企业在进行渠道集中的过程中，可以进行渠道建设集中化、渠道维护集中化、财务管理集中化以及信息管理集中化等。概括地说，就是对企业的销售渠道进行集中管理。

具体的企业渠道集中管理手段，可以从如下几个方面入手，即渠道建设管理、渠道提升管理、渠道进出管理等。在进行企业渠道集中管理的过程中，还可以对过去渠道运营中存在的问题进行异议优化，如管理标准差异问题、管理方式差异问题、管理形式差异问题、管理手段差异问题以及管理流程差异问题等。

总而言之，在企业销售渠道集中化管理过程中，企业的目标就是要实现对销售渠道管理的统一化和标准化，制定更加科学统一的渠道管理制度，减少渠道管理中不确定或不一致的因素。如此进行企业渠道的集中化，可以对渠道的执行标准、规章制度进行统一管理，有效提升企业在渠道管理方面的管理水平，提高企业的渠道管理效率，为企业销售水平和盈利能力提升打下坚实的基础。

2. 运营专业化

所谓专业化，其基础是企业经营的行业细分以及企业内部工作类别的细分。而在企业渠道变革过程中的运营专业化，指的是专业地进行企业销售渠道的运营。那么怎样才算是专业化运营渠道呢？在企业渠道运营的过程中，需要做到如下三点：用标准化的手段来解决销售过程中可能遇到的共性问题；用标准化的运营制度规避企业销售过程中面临的风险；用标准化的流程解决企业销售管理环节中可能出现的问题。在企业渠道集中运营专业化的过程中，如果能做到以上三点，就可以称之为实现了企业渠道集中运营的专业化。

企业渠道集中运营专业化，可以在企业渠道运营中减少各种人为因素对渠道运营的干扰,从而有效提高渠道集中管理的效率。

3. 机制市场化

市场化来源于经济学理论,在企业渠道集中运营的机制市场化中,企业需要利用符合市场经济规律以及市场运行法则的方式来加强渠道集中管理。

企业如何实现渠道集中机制的市场化?具体来说可以从以下两个方面入手:一方面企业需要在运营管理的过程中有意识地引入市场化机制,例如可以对渠道选址进行合理和科学的调整,使之更好地符合市场规律,提升经营能力;另一方面,企业还可以将渠道更多地与市场经营进行对接。比方说企业可以通过建立虚拟利润中心的形式来实现渠道运营机制的市场化,也就是让市场自主选择最适合的渠道。除此之外,企业还可以通过外包让市场力量参与到企业的渠道运营之中,实现渠道集中机制的市场化。

4. 组织扁平化

企业渠道集中的组织扁平化概念十分容易理解。过去,企业在传统的渠道管理中,往往实行的是多层级管理机制,如果企业想要实现渠道的集中化,就要改变管理模式,变为扁平化管理。组织扁平化可以帮助企业在渠道变革的过程中减少渠道层级,缩减冗余的渠道数量,减少在渠道运营中的沟通障碍和信息衰减等问题,从根本上提高企业渠道管理的效率。

5. 流程标准化

如果企业想要真正在渠道集中建设中实现集中管理和高效运营,就要有统一的流程作为基础保障。流程是企业发展规划最终落地和执行的关键,因此流程标准化对于企业渠道集中建设也是十分必要的。在渠道流程标准化的过程中,企业可以完成关键管理环节的构建以及管理职责的明确划分,保障企业管理运营可以以更加专业化的方式来实现。企业可以对渠道运营中原有流程和职责规范进行梳理,在此基础上建设新流程,保证企业管理的顺利推行。

二、为什么要进行渠道压缩

企业进行渠道压缩的目的是为了实现企业利润最大化的目标。具体来说,渠道压缩需要企业根据自身实际条件,使用现代化的管理方法,配合互联网等新技术,最大限度地减少企业销售渠道中的层级数量。

渠道压缩在目前已经成为很多企业进行渠道改革的主要方向,这些企业这样做的原因，主要是渠道压缩具有如下两点优势。

1. 反映市场真实信息

渠道压缩可以帮助企业更好地了解消费者的真实需求，即时掌握市场信息。渠道压缩可以让企业和消费者进行更加直接和快速的沟通，企业可以在产品的售前、售中和售后服务中了解消费者的真实需求，有利于企业制定更加符合市场趋势的经营政策，开发更符合客户真实需求的产品。

2. 强化经销商管理

渠道压缩可以强化企业对渠道中经销商的管理能力。这里需要注意的是，这里所说的渠道压缩，绝不是在企业渠道中彻底摒弃经销商，其实质是将企业运营的重心转移到终端客户。渠道压缩可以让企业更好地实现对经销商的管理和掌控，对于企业提高销售能力可以起到很好的促进作用。

第五节　直销模式与中间商再生

在企业建立销售渠道的过程中，有一种模式叫作直销模式，这种商业模式很早就出现了。在现代市场经济体制中，直销模式可以对企业的销售渠道变革带来一些新的影响。本节对企业的直销模式和中间商再生的概念进行讲解。

一、直销模式

1. 直销模式的形态

所谓直销模式，是指企业的产品直接由生产商或服务提供商进行销售，不通过零售商等中间渠道来销售。直销模式的好处在于，可以帮助企业消除零售边际收益和其他成本。此外，直销模式还有利于企业为客户提供更加个性化的销售体验，对于产品和服务的改进和创新可以起到促进作用。

2. 直销模式的起源

直销模式是最古老的销售形式之一，比方说，农民直接在市场上出售自己生产的农产品，就是十分典型的直销。在现代市场经济发展的带动下，直销模式也出现了多种创造性的方式。很多公司会邀请客户和潜在客户到公司来参加活动，在活动的过程中推销产品，这也是一种产品直销的方式。

直销模式在现代企业销售渠道中的应用是非常广泛的。直销模式没有中间商，企业可以直接和客户进行沟通，实现对整个销售过程的精确控制。企业不仅可以密切关注客户的动向，掌握客户不断变化的需求，还可以对企业内部的销售、生产等职能部门进行内部协调。使用直销模式，对企业最直观的好处就是不需要通过零售商就可以完成产品的销售，而且不会产生广告费用，大大节约了企业的销售成本，提高了企业的利润率。因此，直销模式在市场上受到了很多企业的欢迎，拥有较高的市场使用率。

3. 直销模式案例

计算机知名企业戴尔公司就曾经成功地运用直销模式给企业带来了丰厚的利润。戴尔公司成立初期，就善于使用直销模式进行销售，比如，通过电话来接收电脑订单，随着互联网的发展，又进化成为通过网络接收电脑订单。为了配合企业的直销战略，戴尔公司的广告都是直接提供给目标客户端的，比如直接把广告投放到客户的私人手机上。这样戴尔公司就可以做到更加精准地满足客户需求，提升客户的购买转化率。当然，随着时代的发展，戴尔公司已经不再只通过直销的方式销售产品，但不可否认的是，直销模式曾经是戴尔公司发展初期形成有效竞争力并实现惊人增长的成功因素之一。

4. 需要注意的要点

企业使用直销模式，需要注意如下几个要点：第一，企业需要根据自身能力建立合适规模的销售队伍；第二，企业需要鼓励内部销售人员进行良性竞争，并建立一套有效的激励制度进行管理；第三，企业要提高自身的管理能力，确保对销售过程中的每个环节都进行有效的管控。

二、中间商再生

上面介绍的企业直销模式，让企业与消费者之间的交流变得更加便利，因为在直销模式中，不需要传统中间商的参与。但是，中间商在现代商业渠道中还有其存在的必要性，它不会因直销模式的发展而退出市场，在某些方面，中间商可以起到促进社会交易的作用。下面就来讲一讲中间商在销售渠道中的必要性，以及如何实现中间商再生。

1. 中间商存在的必要性（见图7-5）

（1）降低搜寻成本。

互联网技术的发展，让企业增加了与消费者直接交流的机会，但是网络还是不能改变交易双方相对分散的实际问题。在企业处理客户信息的时候，往往面对的是大量纷乱的信息，这时候需要一个中间媒介来承担信息整理的工作，中间商就可以起到这样的作用。中间商可以为买卖双方提供即时的市场信息和产品信息，大幅度降低买卖双方在信息搜寻方面产生的成本，这是中间商存在的第一个必要性。

图7-5 中间商存在的必要性

（2）提高销售效率。

随着供应链体系在现代市场中的重要性不断凸显，供应链上的企业必须要进行分工协作，把主要精力集中于对自身核心竞争优势的开发上，放弃一部分自身发展的劣势环节。中间商正是处在供应链中的一个专业化的销售环节，可以让不善于销售的企业通过中间商来提高销售的效率。中间商的存在可以为一部分企业提供相当大的便利，这是中间商存在的第二个必要性。

（3）专业物流管理。

物流是商品流通中不可忽视的重要环节，具体来说，物流包括商品的运输、保管以及售后服务等一系列细节化的物流活动。对于一些能力和精力有限的企业来说，想要包揽物流管理的工作可能会力不从心。中间商则可以进行专业的物流管理工作，为企业的产品销售提供有力的保障，这是中间商存在的第三个必要性。

2. 中间商再生的发展方向

（1）网络中间商。

传统中间商可以向第三方电子虚拟市场的方向进行改革，比如成为给买卖双方提供交易信息服务的网络中间商。电商平台可以实现商品信息和资金流动的瞬时完成，大大缩减了传统交易中资金流动和信息传导等中间环节，是未来中间商发展的主要方向。

中间商要在做好商品售前推广、销售配送及售后服务等传统工作的基础上，积极探索网络中间商发展模式。充分利用所掌握的配送中心、销售网点以及客户资源等宝贵的资源积累，配合互联网技术以及信息化管理技术，转型成为更符合市场需求的网络中间商。

(2) 内部整合提升。

中间商也可以选择内部整合的方式来提升自身在市场上的竞争力。随着现代信息技术的发展和互联网技术的大面积普及，中间商可以借助计算机技术和各种互联网技术，对海量的客户数据进行收集、处理、分析和整合，更加精准地掌握产品的销售情况以及市场即时动向。中间商通过内部技术的整合和提升，可以有效提升自身在整个供应链中的地位，进一步成为企业销售渠道链条中不可或缺的重要参与者，提高自身在同行业中的竞争力。

第六节　雪糕刺客、终端分成与渠道能力

2022年夏天，雪糕刺客霸占了很长时间的互联网热搜，消费者纷纷吐槽，看似平平无奇的雪糕，却用高达几十元的价格狠狠"刺痛"了自己的钱包。这些雪糕的定价为何如此高昂？在雪糕产业链中，不同渠道环节又是如何进行利润分成的？本节将揭晓这些问题的答案。

一、定价高昂的"雪糕刺客"

作为"雪糕刺客"的代表，钟薛高品牌在2018年的"双十一"购物节曾经掀起过不小的风波，定价高达66元的"厄瓜多尔粉钻"成为爆款产品，创下400万元的销量。很多人当时觉得这不过是在消费者的好奇心理助推下达成的，不可能成为常态。但是，出乎很多人意料的是，钟薛高的高价雪糕在2022年夏天的市场上大行其道。不仅如此，居然还有很多钟薛高的同类品牌涌入雪糕市场，这也引发了大量消费者对雪糕刺客现象的吐槽。

过去，雪糕作为大众喜爱的日常消费品，定价普遍在5元以内，10元左右的雪糕已经可以算是雪糕中的"高档品"。但是在钟薛高的带领下，众多国产雪糕纷纷开启了"跳跃式"涨价的模式，很多种类的雪糕定价都突破了20元。比如平民冷饮品牌东北大板就联名推出了一款定价20元的"童味"冰淇淋，市面上40元、50元一支的国产冰淇淋也不罕见。作为进口冰淇淋代表的哈根达斯，一颗冰淇淋球的定价是40元，相比之下，哈根达斯的定价都显得不那么高不可

攀了。

那么，雪糕定价突然变得如此昂贵的原因到底是什么呢？

二、中国雪糕市场现状

雪糕在中国市场一直属于廉价消费品的范畴，经过几十年的发展，行业内早已形成了极为稳定的格局。和路雪、雀巢和哈根达斯等外资品牌占据的是10元以上的高端雪糕市场；奶制品大厂蒙牛和伊利在雪糕市场中的策略是主攻中端，定价在5元左右；一些老牌雪糕企业如德氏、天冰以及众多地方性民营企业则是瞄准中低端雪糕市场，见图7-6。

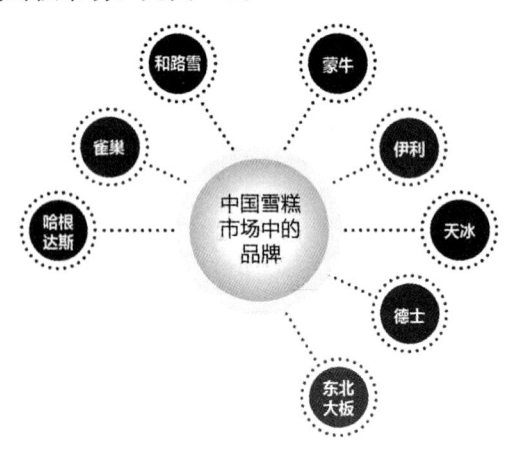

图7-6 雪糕市场中的品牌

若要保持这种稳定的格局，其前提是市场需要进行不断扩容。如果消费者购买雪糕的数量持续增加，那么企业就可以一直保持雪糕的低廉定价，并且不会影响到企业的经营利润。在过去的几十年中，雪糕价格的确有所上涨，但主要都是随着原材料成本的变化同步上涨的，价格也始终保持在合理的范围内。

如今，稳定的市场局面出现了变化。钟薛高的"厄瓜多尔粉钻"是第一个在市场上引起巨大反响的高价雪糕。在钟薛高品牌的宣传中，号称使用来自厄瓜多尔的粉色可可制作雪糕，并称这种原材料的稀缺程度比肩钻石，因此名为"厄瓜多尔粉钻"。钟薛高自称一支雪糕的成本是40元，因此定价在66元。现实结果是，消费者对于钟薛高这样的宣传显得十分"买账"，购买热情高涨。

钟薛高的成功案例，让一大批国产雪糕迫不及待地复制这种雪糕经营模式，造就了一大批20元以上的"雪糕刺客"。

从几块钱到几十块钱，这波雪糕价格的涨幅对于消费者来说确实很难接受。尽管其背后的逻辑看似是品牌对产品的原料进行了升级，使用更高成本的原材料和更精细的工艺进行生产，雪糕的品质也有所上升，因此提高了产品的定价，但是，这种升级真的可以让雪糕刺客们的身价以十倍的程度上涨吗？

三、高定价的真实原因

雪糕刺客之所以定价如此高，其背后的真实原因是：只有价格高，产品才有竞争力，企业才能生存。

2018年，除了钟薛高事件，还发生了另外一件事，做雪糕的老品牌上海益民一厂被光明乳业收购了。据财务数据显示，益民一厂2018年前三季度的总收入为1.11亿元，而企业的净利润才59万元。益民一厂生产的雪糕，定价都在2元左右，低廉的价格让企业的利润空间极其有限。而雪糕这种产品其实并不是消费者的刚需，一年四季大多数人只有夏天才会吃雪糕，那么雪糕的年均消费量其实不会很高，这也是益民一厂这类雪糕品牌生存艰难的重要原因之一。

对雪糕品牌来说，提升产品的销量并不容易，而提高单支雪糕的价格，才是提升企业利润最见效的方法。

事实上，在伊利和蒙牛这两家企业披露的财报中，对于雪糕业务板块的主要战略计划就是进行产品的战略性升级，从而提升高端产品的销售额。从数据上看，2015年到2018年，伊利雪糕的平均出厂单价上升了近30%，而在2021年期间，伊利的冷饮业务获得了约16%的增长，可见其产品升级战略收到了一定的成效。

四、渠道与雪糕定价的关系

渠道方对于雪糕定价来说，也起到了不容忽视的重要作用。根据生活经验，雪糕的销售渠道主要是超市、便利店，还有批发小店等渠道。站在渠道的角度思考，他们肯定也希望雪糕的定价越贵越好，这样才能赚取更多的利润。

如果只卖平价雪糕，卖出去二十根才能挣到十块钱。但是如果卖钟薛高呢？卖出一支就能赚到这么多。所以，渠道方愿意和哪些品牌合作，也就显而易见了。

在渠道方的支持下，雪糕品牌的加价行为更加动力十足。大家都知道，一家超市的冰柜数量是有限的，雪糕品牌们想要更多地进入线下渠道，把价格定得高些再高些，无疑更容易获得渠道方的青睐，因为更高的价格才可能有更多的收入。所以人们看到，五花八门的网红口味雪糕纷纷亮相，譬如咸蛋黄口味、海盐口味，只要是当下流行的口味，都可以加到雪糕中来，于是各种新品雪糕刺客大批进入了线下消费市场。

在这样的趋势下，曾经熟悉的小布丁、老冰棍等雪糕种类失去了昔日的市场地位。新一轮的雪糕市场角逐中，遵循的逻辑似乎是：价格高的种类才有资格占据更多的渠道份额。

五、供应链是新的行业壁垒

钟薛高创始人林盛曾说："网红之后，供应链是壁垒。"如果雪糕品牌想要在行业中真正站稳脚跟，供应链是必须要解决的一大问题，否则有极大的概率成为最后优胜者的陪跑。

毕竟，雪糕产业十分依靠供应商的供给，比如哈根达斯就拥有自己建设的工厂。如果没有自己稳定的供应链来源，不论定价多少，其实利润中大部分都被供应商分去了。在雪糕行业格局的形成逻辑中，分散的各种雪糕品牌不具备和供应商的议价权。如果有一天雪糕行业的格局再次稳定，品牌方才有可能有向上游供应商进行议价的能力。由此可见，雪糕行业的激烈角逐2022年还远远没有结束，下半场竞争的核心将围绕品牌的供应链能力继续展开。

第八章　黑模式4：产品创新

企业的创新模式是现代企业发展过程中实现企业升级的重要模式。产品创新的根本动力来源于客户不断变化的需求，企业需要通过技术创新和产品创新，创造能够更好地满足客户需求的适销产品，从而实现企业盈利能力的提升。本章将介绍企业颠覆式盈利黑模式中的产品创新模式，讲解企业进行产品创新的具体思路。

第一节　从产品到拳头产品

在企业的产品创新中，大多数企业第一个选项就是打造一款新的拳头产品，因为这种产品可以显著提升企业的盈利能力。所谓拳头产品，具体定义是可以帮助企业提高区域经济竞争能力、提高区域经济效益、促进区域经济发展的重要产品。本节就来讲一讲企业如何进行拳头产品的创新。

一、拳头产品的特征

一款产品能不能称为"拳头产品"，主要看这款产品是否具有以下三个基本特征。

1. 具有较强的市场竞争力

拳头产品至少要具有区域中的较强竞争能力，一方面，这款产品需要具有优秀的质量，另一方面，产品还需要具有大份额的市场占有率。这样，企业的拳头产品在和同区域同类型产品的竞争中才能占据牢固的优势。

2. 能为企业带来较高的效益

拳头产品还要能为企业带来较高的经济效益。如果产品给企业带来的经济效益有限，但可以给企业带来较大社会效益，这样的产品也可以归为拳头产品的范畴。因为这款产品可以通过社会效益给企业和企业生产的其他产品起到良好的宣传作用，从而提高企业的整体效益。

3. 占据重要经济地位

企业的拳头产品需要在企业经营中占有举足轻重的地位，比如在企业的销售额或净利润中占有较大比重。这样的产品是企业效益的重要来源，在企业的经营和发展中占据十分重要的地位。

二、打造拳头产品必备的条件

如果企业想要打造一款新的拳头产品，需要满足以下三个必备条件。

1. 市场前景广阔

首先，一款拳头产品一定是市场需求旺盛、具有广阔发展前景的产品。如果一款产品的市场空间很小，那么不可能发展成企业的拳头产品。如果企业要开发一款全新产品，那么在产品投入市场的早期以及产品成长阶段，往往是产品市场需求增长速度最快的阶段，这是企业培育拳头产品的最佳时期，需要抓紧时间抢占更多的市场份额。

企业在对产品市场前景进行分析的过程中，要以发展的眼光和广阔的视角来对产品进行考察。比方说，企业想要分析在省内发展拳头产品的市场前景，不能只把眼光局限于本省的产品市场，还要从全国乃至于国际市场的角度来进行分析，同时还要分析市场上的产品需求周期差异问题。比如同一款产品在国内还处于萌芽阶段，但是在国际市场已经进入发展的成长期甚至成熟期，这种现象在产品市场中经常出现。企业可以抓住产品在不同市场发展周期不同的时间差，为拳头产品发展开发广阔的市场机会。

2. 竞争实力强大

想要开发企业的拳头产品，不仅需要产品本身具有广阔的市场需求前景，企业自身的竞争实力对于拳头产品的开发也是至关重要的。企业产品最终要面对残酷的市场竞争，如果企业自身的竞争实力不足，空有美好的蓝图，却不能把产品落地，那么占领市场也就无从谈起。

对于拳头产品的开发来说，最关键的企业竞争实力就是技术因素。企业只有掌握了先进的产品设计技术和制造工艺，尤其是具有一定技术门槛的独家技术，才能让企业生产出质量高、成本低、有竞争力的产品，而且不容易被竞争对手模仿和超越。因此，企业开发拳头产品一定要以技术为依托，开发和应用先进的产品生产技术。

3. 正确的战略方针

企业在开发拳头产品的过程中，还需要有正确的战略方针作为指导。企业需要根据所研发的产品特点和内外部条件，确定适合企业经营的竞争战略。

比如，企业想要采取规模战略的方式来发展拳头产品，那么企业在生产经营和规模方面就要超过同行业的竞争对手，在执行战略的过程中需要注意扩大企业生产的投资规模和市场开拓范围。如果企业在拳头产品成本和生产能力方面都具有明显优势，那么就有更大的机会在规模战略中获得成功。

再比如，企业想要采取差异化战略来发展拳头产品，那么就要充分发挥技术优势、资源优势等在产品研发和生产过程中的有利条件，让产品在市场营销方面具有明显的差异化特征优势等。

企业可以依据拳头产品自身的特质来确定发展的战略方针，比如对于产品生产和销售中的主要影响因素是在产品的生产技术方面还是在市场营销方面，或者是在所需的资源要素等方面。抓住产品发展中的关键点来确定发展战略，这是成功推出拳头产品的重要决定因素。

三、如何选择拳头产品

企业发展拳头产品的种类不同，可能会给企业提高生产能力方面带来不同的影响。下面来分析企业如何选择适合自身发展需要的拳头产品，企业可以从以下五个方面入手对拳头产品进行全面分析，见图 8-1。

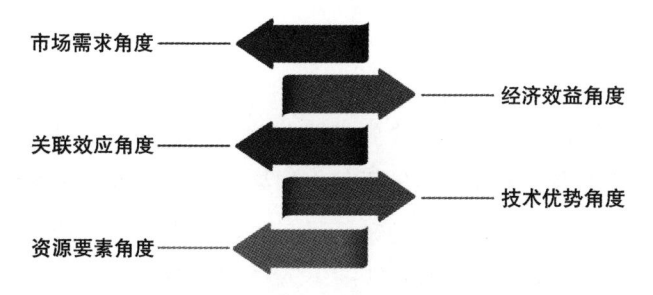

图 8-1 企业选择拳头产品的分析角度

1. 市场需求角度

前面已经明确，一款拳头产品发展的基础是必须有广阔的市场前景。具体来说，企业可以从两个方面入手来对市场前景进行分析。

首先是对产品的市场前景进行预测，企业可以运用模型预测、专家预测等方法，对产品中长期市场需求规模以及预期的市场增长速度进行合理预测。另外，还可以对产品的需求弹性进行预测，也就是拳头产品是否会随国民经济发展出现明显的增长。通过对拳头产品市场需求前景分析，企业可以评估出在一定区域范围内产品能达到的产量规模，以此来确定产品未来的发展潜力大小。

2. 经济效益角度

拳头产品的经济效益对于企业来说是十分重要的，一款拳头产品需要具备明显高于企业其他产品的效益。企业可以通过产品的资金净产值率和资金利税率这两项指标对拳头产品的经济效益进行分析。

3. 关联效应角度

产品的关联效应指的是发展产品能起到的带动作用，比如带动企业其他产品的生产和销售，以及对企业整体经济效益带来促进作用。如果产品能够为企业带来良好的关联效应，那么就适合作为拳头产品来发展。

4. 技术优势角度

企业发展拳头产品的重要依据是企业的技术优势。如果企业拥有发展该产品的技术优势和资源优势，尤其是拥有产品生产中的技术专利等关键技术，该产品就十分适合作为企业拳头产品进行发展。实际经营中可以充分发挥企业技术优势带来的较强竞争力，领先同行业对手进行发展。

5. 资源要素角度

有时，企业发展拳头产品还需要依靠一定的资源要素，这也是产品成为企业拳头产品的有利条件。企业可以在制定拳头产品发展战略的时候，对生产资源要素的丰裕度进行考察。比如说要发展劳动密集型的拳头产品，就要确保企业的劳动力资源丰富、工资成本较低等。如果企业需要发展资金密集型的拳头产品，就需要结合企业的资金实力来衡量是否适于发展这类产品。只要企业在发展拳头产品中的资源要素丰裕度与本区域的竞争对手相比具有一定的优势，就可以认为适合发展这一类型的产品。

第二节　产品即品牌，产品即品类

众所周知，品牌对于企业在市场乃至整个行业的宣传和推广可以起到巨大的作用。企业品牌代表着企业的形象，可以提高企业和产品的知名度和社会认可度，帮助企业留住更多忠实的客户，提高企业的销售能力和盈利能力。

在现代企业经营模式中，除了可以通过传统方式来打造企业品牌，还可以通过产品快速打出企业的品牌名声，或者通过推出一种类型的产品，使之成为行业品类的代表产品，从而快速、高效地提升企业宣传效果。可以把这种经营模式叫作"产品即品牌"，或者"产品即品类"。本节将讲述如何实现这种经营模式。

一、产品即品牌

下面通过案例来对这一经营模式进行解读，苹果公司的产品在品牌化方面就是十分典型的代表。

苹果公司是智能手机行业中的巨头，产品类别也不限于智能手机，还有平板电脑、笔记本电脑、智能手表等一系列产品。苹果公司的产品凭借优异的性能和高密度科技含量受到消费者的广泛欢迎。对于苹果公司来说，其推出的每一代苹果手机都是对品牌的一次有效宣传。从苹果忠实客户的态度也可以看出，每一次苹果新产品发布，对"果粉"来说都不亚于一次盛会。这些苹果公司的忠实客户对品牌的忠诚度极高，尽管苹果手机的定价在一众手机品牌中属于很高的水平，但是这些客户也只会购买苹果品牌的系列产品，这就是产品品牌化经营的成功案例。

下面来说一说产品品牌化经营具体可以给企业带来哪些好处，见图 8-2。

| 提升客户忠诚度 | 突出差异化优势 | 利于新产品引入 |

图 8-2　产品品牌化经营给企业带来的好处

1. 提升客户忠诚度

通过苹果公司的案例可以十分直观地看到，产品品牌化给企业带来的最直观的好处就是显著提升客户对品牌的忠诚度。品牌效应对于客户的影响是巨大的，如果客户在购买企业产品的过程中感到十分满意，那么客户复购的概率就会大大提升。如果企业推行产品品牌化的经营战略，那么客户每次在广告或社交媒体等渠道看到自己曾经购买的商品，就会激发客户回忆起自己在购买中获得的满意体验，提升客户对品牌的忠诚度。今天，大家身处信息爆炸的时代，客户在购买产品时拥有众多选择，如果品牌能够有效提升自身拥有的忠实客户的数量，对于企业提升销售能力和盈利能力，无疑可以起到重要的帮助作用。

2. 突出差异化优势

随着市场竞争的激烈程度持续提高，同行业竞争对手会为客户提供内容相似的产品和服务。如果企业想要在激烈的市场竞争中脱颖而出，就需要赋予企业产品独特的特征，让客户可以轻松地将一种产品与其他产品区分开来，这就是产品的差异化竞争优势。

如何才能让客户意识到企业产品具有差异化的特点？最常见的方式就是通过各种活动或使用各种工具来进行产品宣传。企业市场品牌化的产品宣传战略，往往可以从另一个角度让消费者加深对产品的印象，同时强化产品与其他产品相比所具有的独特优势。品牌化战略还可以提升企业品牌在市场以及客户心中的认可程度，突出企业独特的经营主张，提高品牌的竞争优势。因此，产品品牌化不仅可以突出产品差异化的特点，还可以有效提升企业的销售能力和盈利能力。

3. 利于新产品引入

产品的品牌化一旦形成，那么产品和品牌就形成了一种十分紧密的关系。当客户的忠诚度提高到一定程度后，他们对于企业推出的新产品的接受和认可程度也可以获得很大程度的提升。一旦企业开始推出新的产品或服务，这些产品往往在忠实客户的心目中已经打上了"可以信赖"的标签，自然就拥有了一批产品支持者。这样，企业新推出的产品或服务在刚刚进入市场的时候，就具有了良好的销路，新产品和服务的推广难度就会大大降低，对于企业的发展有很大的助力作用。

想要实现企业产品的品牌化，不是一朝一夕就能完成的，往往需要持续不断的积累。当企业的产品和品牌牢牢印在了客户的脑海中，就会对企业的发展起到巨大的帮助作用。

二、产品品类化

品类的定义是确定产品所属的小组或类别。品类和产品在企业销售中具有密不可分的关系。在客户的购买路径中，他们往往是先选择自己想要购买的产品品类，然后再决定自己选购哪一种品牌的产品。从这个角度来看，在客户心中的优先级，品类是优先于品牌的。

前面讲述的是企业实施产品品牌化战略给企业经营带来的好处，顺着这个思路，如果企业能够进行产品品类化的塑造，那么这一战略可能会给企业带来销售能力的更大提升。

先举个例子来解释一下在企业经营中如何实施产品品类化战略。"六个核桃"这种饮料大家应该都很熟悉，六个核桃是一种核桃乳饮料，这种饮料的销售额已经突破了百亿之。这一惊人的成绩正是六个核桃对产品所属的品类进行重新定义的成果。

十年前，核桃乳的市场远远不及现在，那个时候，在人们的印象中，六个核桃核桃乳和露露杏仁露差不多，都是植物蛋白型饮料。但是，六个核桃利用人们常识中核桃健脑的认知，对核桃乳的价值进行了重新定义，这让核桃乳的品类发生了重大转变。

"经常用脑，多喝六个核桃。"这句广告词人们已经耳熟能详。六个核桃核桃乳被宣传成了一种可以健脑的饮料，这样在消费者的心目中，核桃乳的价值和从前相比就有了一种巨大的提升。六个核桃也开始转型，向健脑饮料的品类大步迈进，随之而来的就是市场销售额大幅度上升。

六个核桃对于产品品类化的实际操作也十分值得借鉴，品牌巧妙地选择高考季，对重点人群也就是高考学生和学生家长进行重点宣传，让健脑饮料这个品类真正深入消费者的心里，巩固了产品品类化的成果。现在，市场中的消费者已经普遍认可六个核桃是一种具有健脑功能的饮料，而不再是一种单纯的植物蛋白饮料了。

由此可见，产品品类化是让企业生产的产品进入一种产品品类之中，甚至为企业产品建立一种新的产品品类。最重要的是，企业需要洞察产品品类所蕴含的价值，以这种价值作为宣传的重点，让产品品类的价值深入人心，从而让消费者真正认可产品与品类的对应关系。当建立起了产品品类之后，这种发展战略将给企业销售能力带来巨大的提升。

第三节　从单一产品到周边产品

在现代企业经营中，如果企业只推出一个品类的产品，往往显得过于单薄，难以在消费者头脑中强化品牌给消费者留下的印象。现在常常看到的是，哪个品牌推出了一款爆款产品，当确认受到市场的欢迎后，就会一鼓作气推出与之相关的周边产品。在人气爆款产品的带动下，周边产品往往也可以收获不错的销售额，为企业带来更多的经营利润。这种推出周边产品的经营策略在现代企业经营中是十分常见的，而且往往可以带来产品销售额的很大提升。本节就来介绍一下企业如何从一款单一产品出发，推出更多的周边产品，并增加企业的收入。

一、周边产品的概念和意义

首先对本节提到周边产品进行定义。本节所说的周边产品不是指动漫领域中与虚拟人物相关的产品，而是指在实体企业经营中推出的与企业产品有关联的产品。把企业生产的一部分产品归入周边产品的范畴，是为了按照一定的分类标准，对企业生产的全部产品进行更加详细的品类划分，便于对企业经营策略进行分析。一般来说，在企业推出的相互关联的周边产品中，往往包括多个产品种类，并具有不同的产品功能，面向的顾客群体以及价格定位等都有不同之处。

企业推出周边产品，往往代表企业在该系列产品的生产中已经形成了一套标准化的生产形式，也是同系列产品生产成熟的标志，因为周边产品是企业对于某一单一产品进行深度开发的结果。周边产品的出现，可以让企业生产的该系列产品在结构、种类、功能以及定位等各方面得到完善。

从消费者的角度来说，周边产品的推出可以让消费者在购买产品的时候具有更多选择。很多消费者面对自己喜爱的产品，愿意购买多款周边产品，以完善产品的使用功能，或者满足自己的收集愿望。因此，周边产品获得企业忠实客户支持的概率是很大的，这也是企业和消费者热衷于生产或购买周边产品的主要原因。

二、如何进行周边产品的生产

下面从企业经营生产的实际角度来讲解一下，企业如何进行周边产品的系列化生产，从而提高企业的销售收入。总体而言，企业需要对周边产品所围绕的基本产品的功能和定位进行深层次的分析研究，挖掘可能受到客户欢迎的周边产品的突破点。然后再经过技术研究，将周边产品的形式、结构、外观以及定价等进行合理设计。这里需要注意的是，企业推出的周边产品往往不止一个，企业在设计的过程中需要协调好周边产品之间的关系。具体来说，企业进行周边产品的开发主要需经过以下三个流程，见图8-3。

① 制定基本参数
② 设计周边系列
③ 产品具体设计

图8-3 企业开发周边产品的基本流程

1. 制定基本参数

首先，周边产品的基本参数是生产的基础。基本参数包含产品的主要性能以及产品的技术特性，比如周边产品的功能、规格、尺寸等，这是企业进行周边产品系列设计的基础。

2. 设计周边系列

一般情况下，企业设计周边产品不会只设计一种，而是会推出一个系列。即便企业不是一次性推出全部周边产品，但在周边产品设计之初，就需要对产品的整个系列安排做好规划。这是因为消费者对周边产品的需要往往是多方面的，如果只生产一种或者少数几种周边产品，还不能满足消费者的需要，因此，企业的周边产品设计最好可以多推出几种不同的形式，以满足消费者不同的要求。

企业有必要对周边产品系列进行整体规划，尤其是确定基本产品与每一款周边产品的关系，还有周边产品之间的相互关系。最好的情况是这些产品之间相互关联，有一定的承接关系。但是每一个产品的功能必须相对齐全，不能故意设计功能不全的产品，逼迫消费者必须购买全部周边产品才能正常使用其功能，这样做对于企业的口碑会造成十分不良的影响，得不偿失。

总而言之，企业的周边产品系列设计工作十分复杂，在确定的时候需要慎重考虑，一定要将科学、合理的分析作为决策的基础。当确定了周边产品的设计思路后，对于企业推出中长期产品计划都会带来重要的影响，因此不能轻易改变。

3. 产品具体设计

最后，企业要进行的就是产品的具体设计工作，在这一过程中，最重要的就是围绕基本产品来进行周边产品的设计。周边产品需要具备的基本属性是能够与基本产品的一部分相互关联，同时规格和功能适合多数客户的普遍需要。周边产品的结构也需要比较先进，要经得住长期使用的考验，具有较强的可靠性，在市场上有较大的发展空间。概括来说，就是既要与企业之前推出的基本产品相关，又要适合大多数消费者的需求和喜好，同时还要兼具一定的实用性，这是周边产品赢得更多市场认可的核心。

企业进行周边产品的系列化生产，可以让企业推出更多满足消费者多方面需要的产品，扩展企业的产品品种，提高企业的产量，增加企业的收入。此外，企业周边产品的生产还可以促进新产品的设计速度，发展更多新品种的产品，让企业的产品种类更加合理化、丰富化，同时在一定程度上扩展企业基本产品的使用功能，从而提高企业的市场竞争能力，增强企业的盈利能力。对于很多企业来说，推出周边产品都是十分适合使用的经营发展战略。

第四节　从单一产品到产品矩阵

之前介绍了周边产品对于企业经营的重要意义，以及如何开发周边产品。其实，在企业经营中，还可以把周边产品理解为企业基础产品延伸出来的一个产品链条。把视角再打开一些，就可以联想到，如果把企业的产品同时进行横向的种类扩展和纵向的深度挖掘，就可以得到企业的产品矩阵。产品矩阵中可以容纳的产品种类和产品数量比周边产品又拓展了很多，企业的产品矩阵可以为企业的销量和盈利带来成倍的增长。本节将介绍如何开发企业的产品矩阵，为企业带来更多的盈利。

一、围绕客户需求进行产品开发

其实，有计划进行企业产品矩阵运营的企业数量很多，但真正把这件事情做成的企业并不多。这是因为只有真正生产出能满足客户需求的产品，才能在市场上收到良好的反响。能满足客户的真实需求，这样的产品矩阵才能在真正意义上为企业带来销售收入的提升。因此，在进行产品矩阵开发时，一定要强调，只有满足客户真实需求的产品才具有意义和价值。否则开发再多的产品种类，在市场上也激不起水花，白白浪费了企业的资金和精力。

在进行产品矩阵开发的过程中，找到客户的真实需求是第一个需要考虑的问题。为了更加精准地找到客户的需求，企业可以从三个维度去思考，一是客户，二是场景，三是问题。串联起来，就是企业需要分析自己产品的目标客户群体在什么场景下要解决哪些问题。

在企业开始构建产品矩阵的初期，不能一下子就开发出各个领域的产品，而是需要先把产品开发集中在特定的圈层进行尝试。如果这个圈层里面的产品开发收到了比较理想的效果，那么接下来就可以锁定这个圈层中的客户去做进一步的开发，把这个圈层中的产品吃透，最后企业就可以水到渠成地突破圈层，在其他圈层中继续开发新的产品。不要觉得这个过程过于漫长，如果企业不深入客户使用产品的实际场景进行挖掘和探索，几乎不可能发现客户真实的需求在哪里，更不用说继续开发产品矩阵了。

二、建立高效能的产品矩阵

在企业进行产品矩阵开发的实践中，往往不会从一开始就对产品矩阵进行十分详细的规划，而是在企业开发的单一产品应用场景不断扩展的过程中，扩展这部分产品的服务功能，逐渐覆盖更多的服务领域。

如果企业想要做好产品矩阵，使其具有长期发展的潜力，那么最好的方案就是针对自身产品的某一垂直领域进行垂直开发。企业在对原有产品进行开发的过程中，很可能会发现产品在功能方面出现短缺，或者技术层面开始落后，此时推出性能更优的新产品就是顺理成章的事情了。

在企业经营中，从单品逐渐发展成为产品矩阵的案例屡见不鲜。尽管不同的产品其功能也不相同，产品的应用场景往往也有很多不同之处，但核心都是为了满足客户不同的实际需求。

因此，企业进行产品矩阵开发，实际上需要做好的就是产品的场景垂直服务，并通过产品之间的联通关系形成自己的产品生态体系。在企业构建的产品矩阵体系中，产品之间的关系往往是相互贯通、能力叠加的，这样可以给客户带来1+1＞2的使用体验，提高客户对产品矩阵的接受程度。如果企业开发的产品之间各自独立，彼此没有很强的关联性，那只能称为企业的多种产品，不能称为企业的产品矩阵。

三、通过产品矩阵实现客户增长

想要彻底掌握产品矩阵战略的经营要点，其核心在于让差异化的产品分别负责差异化的功能，并实现产品功能之间的互相协同和互相导流，带动企业客户数量快速增长，从而为企业带来销售量和销售额的成倍增长。

根据产品矩阵战略的经营规律，矩阵中至少要具有三类产品才能称之为一个完整的矩阵，即引流产品、利润产品和高盈利产品。

比如大家乘坐飞机的时候，就可以接触到这三类产品，经济舱是航空公司典型的引流产品，利润极低但能招来大量的乘客；商务舱则是利润产品，可以提供一定程度的利润，销量也比较可观；头等舱则是航空公司的高盈利产品，一张头等舱机票就可以带来很多收入，但是销量相对较少。企业需要合理分配这三种基本矩阵产品的比例，让三者相互配合，这样才能实现企业盈利能力的跨越式提升。

第五节　从单一产品到整套解决方案

当下最流行的产品销售模式，是通过供应链体系为企业的每一个客户提供可以解决他们最为关心的问题的整套解决方案。如果企业想要开发整套解决方案类型的产品，首先需要做的就是抓住客户的痛点，解决他们所急需的问题，真正为他们提供解决方案。

把企业的单一产品发展成为具有多种产品和服务的方案体系，无疑会给企业带来更多的销售额和更多的经营利润。但是如何实现这种理想，很多企业并没有想明白，如果盲目去做，往往无效，还会浪费企业的资金，耽误发展时机。解决这一问题的核心在于明确企业的客户到底需要什么，企业能给客户提供什么产品和服务去帮助他们解决问题。下面就来说一说企业发展整套解决方案类型产品的具体实施方法。

一、单一产品不能满足客户的需求

随着市场经济的发展，企业很多业务都已经发展成熟。大家在线下实体店中往往可以看到琳琅满目的各种产品，甚至产品的种类比每天来实体店购买商品的顾客都多。那么，已经有了种类如此丰富的产品，还没有整套解决方案解决客户的问题吗？

在当今的互联网环境中，企业客户拥有越来越多的信息获取渠道，他们查找自己所需产品的效率也大大提升了。随着时代的发展，客户也在与时俱进。过去，如果企业能提供一种或者少数几种产品，客户就觉得他们的问题已经得到了很好的解决。但现在绝大多数客户已经不满足于一项产品，甚至也不满足于产品所附带的配套服务，他们希望有更多的产品可供选择，满足他们更多的需求。这个时候，他们需要企业为他们提供一套完整的、针对他们个人需求的问题解决方案。

在当前的市场经济模式中，如果想要达到客户满意，就不能单独给客户提供一种类型产品或者多种类型的产品，而是要为客户提供一套完整的解决方案模式，让他们通过与企业的合作解决该领域的全部问题，这是客户需要的，也是企业全套解决方案模式经营的目标。

二、整套解决方案

事实上，如果客户相信企业真的能够为他们提供解决问题的全套方案，那么他们就会十分乐意为企业的一套产品和服务买单。比如说，患者去医院看医生的时候，医生可能会开各种各样的药品，还会给出比较详细的治疗方案。可能患者去一次医院，要花上千元钱才能解决经常会得的一些小病，但是很多患者都不会认为医药品价格太贵，因为患者相信医生提供给他的所有药品和治疗方案都是属于能够为他缓解全部病痛的整套解决方案，他相信自己花上千元钱就可以治愈自己的病痛。

其实医院看病和企业销售产品的道理是相通的，患者走进医院并不是希望从医生那里买到某一个品牌的药，而是希望通过吃了医生开的药，他能恢复健康的状态，他需要的其实并不是一个产品，而是一整套解决方案。因此，在医院的经营中，医生看病并不是推荐药品，而是围绕如何给患者治愈疾病来进行的。他提供给患者的是治疗方案，而不是购药方案。因此，患者在购买多种药物的时候，反而是心甘情愿，并且对医生的诊断深信不疑。

作为企业，也可以参考医院的这种经营方式，在服务客户的时候，不把销售一个产品或者某几种产品和服务本身作为服务的目的，而是抱着一种为客户提供整套解决方案的心态，为客户提供更加深入、更加全面、更加根本性的服务。销售的目的不是让客户购买这款产品，而是让客户通过购买产品解决他们所急需解决的问题。

这就要求企业在产品设计、产品组合等方面进行战略目标的调整，把过去简单的产品销售理念转换成通过产品为客户解决问题、为客户服务的新经营理念。这是企业从销售产品发展到整套解决方案在思想方面的根本性转变。

其实企业销售团队的构建也是同样的道理。如果想要对企业的销售能力进行优化，需要的并不单单是一个优秀的、能够带来高销量的产品，也不是一个优秀的销售团队就可以达到目的的。

经营者需要的其实是一种提高企业销售能力的整套解决方案，那么这个解决方案具体包括什么呢？首先需要优秀的营销团队、具有市场竞争力的产品品类和充足的产品数量，这三个是企业销售能力的基本保障。下一步，企业还需要提供优质的客户服务以及系统的团队管理。此外，再配合适应企业产品的市场营销方案以及资金方面的支持。这才是有效提高企业销售能力的整套解决方案，而不是一个单独的产品或者一个团队，见图8-4。

图8-4 提高企业销售能力的整套解决方案

通过这样的分析，就可以明确企业如何将一个单一的商品发展成为整套产品解决方案。其实企业需要做的并不是开发更多的产品，而是真正去分析客户需要解决的问题，站在客户的角度去思考，发掘客户真正需要解决的问题，并给客户整理出一套完整的解决方案。企业需要做的是，让客户相信通过购买企业的解决方案和系列产品，可以真正解决他们的问题，那么，企业产品的销量和企业的盈利能力自然就可以获得很大的提升。当今市场环境正在快速变化中，企业的经营也需要与时俱进，根据客户需求的变化，不断对自己提供的产品和服务进行整理分析和升级换代，这是长期保持盈利增长的根本要点。

第六节 科技公司都喜欢打造"全家桶"

近年来，国内科技公司推出的一种产品或者说一个系列的产品在市场上开始流行起来，这就是高端人工智能产品"全家桶"。所谓"全家桶"，不是肯德基的全家桶，它指的是可以为客户打造全屋智能设备的一个系列产品。

也可以用本书上一节内容中刚刚提出的名词来概括，它就是一种全屋智能设备的解决方案。本节就来讲一讲智能产品全家桶究竟是什么？包含哪些产品？这个全家桶能够给客户带来怎样的产品体验？另外，为什么科技公司热衷于推出这种全家桶类型的产品解决方案呢？

一、云米科技的"1＝N44"系列产品

2022年，广东知名高科技企业云米科技上线了一套智能产品全家桶类型的全屋智能设备解决方案。这个系列产品的设计理念就是打造一站式全屋智能产品解决方案。云米科技的创始人陈小平把这个方案叫作"1＝N44"。

客户通过应用这种一站式全屋智能解决方案，可以在家中随时随地使用高科技产品，方便自己的生活。智能家居往往具备传统家用电器所不具备的功能，比如说空调可以具备除甲醛的功能，冰箱还可以有播放音乐和看视频的功能。洗衣机在全自动的基础上还可以进行智能洗涤。人们可以想到的在房间内使用的现代家电，基本上都可以插上智能化的翅膀，更加人性化地为客户提供服务。

云米科技推出的一站式全屋智能解决方案，是目前比较完整的全屋智能解决方案产品。具体来说，使用者可以自己在软件上设定屋内电器的使用模式，

对每一件电器都进行深度的人工智能定制,甚至可以让屋里的电器具有类似于人的分析能力和判断能力,进行一定程度的自主工作,解放客户的双手,为他们解决大量生活中的实际问题。全屋智能设备可以在客户生活的全场景为客户提供深度服务,这就是全屋智能产品能够为客户提供的价值。

事实上,全屋智能定制设备的功能并不是鸡肋,它可以解决客户生活中的很多实际问题。比如说现代人对于健康问题的重视与日俱增,空气中是否有装修残留的甲醛,就是很多住户十分关心的问题。而"1＝N44"智能家居中提供的全域新风空调,就可以搭载智能鲜氧新风系统,对房间的空气进行深度净化,一小时之内就可以做到更换室内的全部空气,不仅可以实现高效祛除房间异味,还能够智能提升空气中的含氧量,让客户可以呼吸到新鲜的空气。再加上内置的活性锰产品,可以提升除甲醛的效率,这些功能可以把房间内的甲醛分解成对人体无害的水和二氧化碳,基本上两个小时之内就可以将室内的甲醛去除掉99%。类似的智能设备还有双屏冰箱、大屏冰箱、智能洗衣机、智能油烟机、智能净水器等多款智能电子设备,丰富了高端全屋智能产品的类型,为客户带来更加舒适,更加便捷的全屋智能体验,见图8-5。

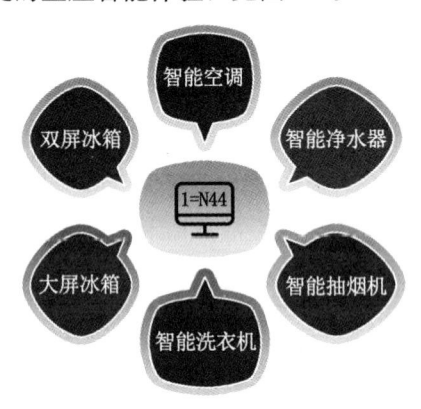

图8-5 "1＝N44"中的智能设备

云米推出的全屋智能设备并不是孤立的,他们推出了专门用于管理全屋智能设备的系统,让客户可以随时随地完全掌控家里全部智能设备的运行情况,真正方便了客户的使用。

二、智能化解决方案是未来的主流趋势

当前,技术科技正在快速变革,同时,消费升级也在快速进行。在全屋定

制方面，智能化已经成为一个重要的行业发展趋势。在整个社会范围内，智能化也是未来十年发展的一个十分重要的核心话题，智能化系列产品对于人们衣食住行等生活场景，都可以起到十分深远的影响和提升作用。尤其是在三年全球疫情影响下，人们在家里的时间比过去延长了很多，这一变化不仅让在线营销、直播电商等行业快速发展，其实人们对于家居行业也越来越重视。新一代年轻消费群体从小就和互联网一起长大，他们对于智能化产品的需求会更加强烈。产品能够给他们带来的使用体验是产品价值最重要的部分，年轻消费群体希望通过智能化的方式，对自己的家居进行布置，科技公司全家桶式的一站式全屋智能定制，无疑迎合了消费者解决家居装修和生活场景使用问题的需求，因此这一体系一定会受到市场的热烈欢迎。

全屋智能家居的内涵，近几年也有了新的发展。比如云米科技提供的一站式全屋智能家居，其内容不仅包括多种智能家电和智能家具，还包括相应的配套软件服务，这样能让智能家居带给客户更加完整的体验，赋予客户对智能家居的掌控感。智能设备和智能控制系统配合使用，这也是未来智能家居发展的主要方向。

对于企业经营来说，全屋定制智能产品获得的市场成功有很大的借鉴意义，他们就是通过为客户提供问题的解决方案而获得客户青睐，尤其是获得更多年轻化客户群体和中产以上客户群体的青睐。这类消费群体对于产品的关注点更多放在产品的价值，以及能否为他们真正解决问题上面，而他们会为自己认为真正具有价值的产品买单。

企业可以针对客户当下最需要解决的问题进行系列产品设计，为客户解决问题提供可靠的解决方案，那么企业的系列产品销量自然能够得到提升，甚至可以让企业的核心产品品类的数量得到大幅度提高，使企业在市场上赢得更多声誉，最终提升企业的盈利能力和竞争能力。

第九章　黑模式5：客户价值的精细化满足

企业经营的实际情况中，往往需要对客户群体进行精细化的分类，因为不同客户群体的实际需求是有区别的，而且不同客户群体可以给企业带来的价值也是不同的。所以，企业在经营和销售的过程中，需要对客户根据特点进行分类，然后分别满足不同客户的实际需要，提升企业的销售效率，这样可以实现企业盈利的有效提升。

第一节　不可能从每个客户身上赚到同样的利润

对企业客户群体进行分层和分类，把客户分成不同的层级，是企业进行精细化客户运营的基础步骤，也是企业营销必须要进行的工作。比如说很多商店都有会员制度，而且会员往往会被分为不同的等级，比如星巴克咖啡的会员就会分成玉星级、银星级、金星级等，这就是对客户进行分层分类管理的基本方式。本节介绍对企业客户进行不同分层的方法，以及如何从不同层次的客户中赚取销售利润。

一、对客户进行分层的原因

销售领域有一项经典法则，叫作"二八法则"，就是说20%的客户会贡献80%的利润，而80%的客户加在一起只贡献20%的利润，不同的客户对企业的贡献是不一样的。

其实，如果对企业的销售情况比较了解，就会知道不一样的客户对于企业销售额的贡献的确有巨大的差异。一些老客户很可能愿意在企业进行大额消费，而一些新客户往往在刚刚接触企业产品的时候，只愿意买一些价格低廉的产品作为试用，而且是否会复购也是很不确定的。同时，老客户购买产品的频率也是远远高于新客户的。在这种情况下,往往企业销售产品的利润有80%来自企业的忠实客户,而新客户和普通客户只会贡献大约20%的销售利润。

企业在进行客户管理的过程中,需要根据客户对企业销售额的不同贡献程度,再配合客户实际需求以及对企业产品态度的不同,对客户进行有针对性的层次划分。对不同层次的客户使用不一样的营销策略,争取让每一个层次的客户都能为企业的销售贡献出最大的价值,这就是企业客户分层的意义。现在大家已经知道不同客户给企业带来的销售收入是不同的,而且也需要根据客户的不同特征制定不同的销售策略。具体如何对企业客户进行分类,这里介绍两种不同的客户分类基本方法。

二、客户分类基本方法

1. ABC 分类法

首先介绍的是 ABC 分类法。所谓 ABC 分类法,就是根据客户对企业贡献的销售额来进行客户分层。简单来说,先把客户分成三到四层。第一层是企业的高端客户,也就是对企业贡献利润和销售额最大的客户;第二层是企业的大客户,也就是能够为企业贡献相对较大销售额的客户;第三层是企业的中端客户,中端客户的数量相对较多,也可以给企业贡献相对较大的一部分收入;最后一层是企业的小客户群体,小客户的特点是人数非常多,但是他们给企业贡献的销售额比较少。

可以把 ABC 分类法的客户层次形象地画成一个金字塔的形状,见图 9-1。高端客户位于金字塔尖端部位,大约占企业客户的 1%,却可以给企业带来将近一半的收入。大客户位于高端客户的下面,大客户的数量不超过企业客户总数的 5%,大约可以给企业带来 20% 左右的收入。中等客户的数量大约占企业客户数量的 15% 以内,能为企业带来大约 10% 的销售收入。最后剩余的就是 80% 的小客户群体,他们能够给企业带来的收入利润大概在 20% 以下。

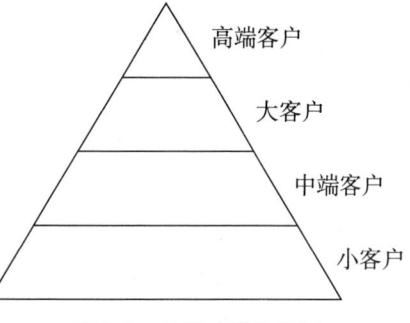

图 9-1 ABC 分类法图示

可以看到,ABC 分类法对客户的分类是符合二八定律的。然后可以根据

ABC分类法的客户层次,对客户的不同需求提供不一样的产品和服务,这就是最基础的企业客户分层方法。可以作如下总结:ABC客户分层法的优点在于分层的方式简单易行,对于绝大多数企业来说都是可以进行的,然后对客户提供有针对性的服务。但是这种分层方法的缺点也是比较明显的,因为它的分析方法比较简单,因此购物的分层并不那么清晰。另外一个重要的缺点就是,ABC分类法只着眼于客户当前对企业的贡献额度,并没有分析客户对企业销售额的贡献在未来是否会发生变化甚至发生重要变化。比如说企业当前的一些小客户,未来也可能发展成企业的大客户或者高端客户,如果对这类客户没有采取很好的有针对性的服务规划的话,他们也可能不会完成这个转变,甚至可能会成为其他企业的高端客户。对于企业经营来说,这就是没有挖掘出这类客户对企业的深层价值,是一种客户价值损失。

2. CLV分类法

下面再来介绍第二种客户分类方法——CLV(客户生命周期价值,Customer Lifetime Value)分类法。这种分类法是根据客户在企业整个生命周期内可以为企业创造的价值来进行分类的。可以看到,CLV分类法实际上解决了ABC分类法中对客户未来价值考虑不足的问题。

在CLV分类法中,客户创造价值的计算由两部分组成,一部分是客户的历史价值,另一部分是客户的未来价值。根据这两个价值维度,可以建立客户价值的坐标系,然后在四个区域中把客户分成四种类型,分别是改进型、贵宾型、放弃型和维持型。

下面分别介绍一下这四种客户类型。所谓贵宾型客户,就是从历史价值上来看,已经具有了很高的价值,未来还具有很高潜在价值的客户。对企业来说,贵宾型客户整个生命周期的价值是最高的。那么,在企业经营中,要以贵宾型客户作为企业销售业务服务的核心客户。

下一个企业重要客户类型是改进型客户。所谓改进型客户,就是目前客户价值不高,但是在未来有很大可能实现很高潜在价值的客户,也就是说这些客户在未来一段时间会比现在有更高的价值。对于这些客户的销售战略,就是培养并实现它们的销售潜力,争取为企业创造更大的销售价值。

第三种客户是企业的维持型客户,这种客户属于企业客户数量最多的一种。这些客户的单个客户价值在现在和未来都不会很大,但是这类客户的数量很多。对于这类客户的销售策略,就是维持这些客户的数量,让他们在一段较长的时间内持续为销售做出贡献。

最后就是企业的放弃型客户,这些客户已经不能给企业带来经营收入。如果企业为他们提供相关服务的话,这些客户能够给企业带来的收入还不足以弥补企业付出的费用,因此,对于企业经营来说,就应该放弃这部分客户,减少给企业带来的损失。以上就是 CLV 客户分类方法的主要内容。

第二节　RFM 模型与客户分层

当企业发展到一定规模,客户数量也扩大到一定的程度后,就必须对企业的客户进行分层分类,这样才能更加精准地满足客户多元化的需求,并对企业生产资源进行更加合理的分配。具体来说,企业需要做到以客户为中心,帮助客户实现价值,提高客户对企业产品和服务的满意程度。

其实简单的客户分层分类方式,每一家企业都会使用,但要想保证企业能在行业竞争中处于优势地位,就需要对企业客户的分层管理花费更多的心思。如果企业想做全面类型的产品,确实可以更多地满足各种客户的需求,但是这样对企业的体量要求就太大了,很多企业在发展的前期阶段是无法做到的,这时候就必须对客户进行分层分类,分别满足不同客户的需求。本节就来讲一讲客户分层理论中的 RFM 模型(客户关系管理模型,Recency、Frenquency、Monetary)的相关概念。

在企业经营的过程中,客户划分是十分常见的管理方法。比如说,一些企业会根据客户的生命周期来对客户进行一个基础的划分。比如说,划分成新客户、活跃客户,还有预流失客户、已经流失客户等不同的种类。一般来说,都是根据客户近期在企业购买产品的频率和额度来分析客户的属性。新客户就是刚刚进行了一些购买活动,建立起了初步的信任,活跃的老客户则是对企业产品认可度比较高的客户群体,预流失客户是之前购买过企业产品,但是在一定时间内活跃程度明显下降,企业即将失去这部分客户。类似的客户分类方法还有很多,不论使用哪种客户分类方法,对客户进行分类都可以有效帮助企业针对不同的客户类型策划销售活动,提升企业的销售效果。

在上一节内容中,已经介绍了两种客户分层方法,分别是 ABC 分类法和 CLV 分类法。下面介绍一种新进阶的客户分层方法,这就是 RFM 模型,它可以帮助企业对客户群体进行更有针对性的客户分层,制定更有效的销售计划。

在最近兴起的电商行业中,RFM模型的使用频率是非常高的,这种分析访问法的火爆也是有其内在原因的。RFM模型主要基于企业对客户价值和客户为企业带来的销售盈利能力进行深入分析。

在企业客户分层中,RFM模型可以衡量客户价值以及客户为企业带来盈利的能力。RFM模型主要是通过分析客户最近在企业中购买产品的行为、购买的次数以及购买产品的总价值这三个维度,来分析客户为企业创造价值的能力。和上一节讲到的CLV分类法相比,CLV主要分析的是客户对于企业的贡献能力,而RFM对客户分层的出发点主要是分析客户的具体行为。

下面来具体说一说RFM客户分层方法中使用的三个指标,见图9-2。

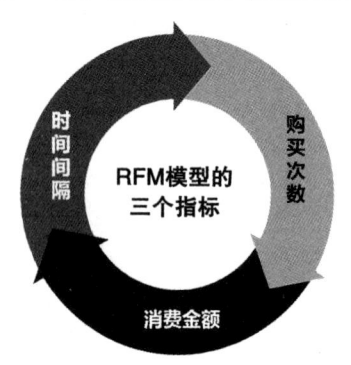

图9-2 RFM客户分层方法中使用的三个指标

一、R指标的含义

RFM模型指标中的R,代表的是客户最近一次购买产品的时间间隔,也就是客户上一次购买距离统计时间相差的时间。那么。购买时间离得越近的客户,更有可能是对企业产品反应最为灵敏的客户群体。比如说昨天刚刚购买了一次产品的客户和上个月购买一次产品的客户,他们对于企业行为反应的灵敏度是不一样的。在互联网企业中,这个R指标也可以代表顾客最近一次登录网站的时间。

二、F指标的含义

下面再来说RFM模型中的F指标。这个F代表的是客户在最近一段时间内购买企业产品的次数,比如说限定在三个月内顾客购买的次数。购买次数越多的老顾客，就是对企业产品和服务满意程度最高的顾客，因为他们的行为反映了他们对于企业的态度。如果研究的是互联网产品的话，也可以用顾客登录网站或软件的频率代表这个 F 指标。

三、M 指标的含义

下面是 RFM 模型的 M 指标。这个 M 表示的是客户最近一段时间内在企业中购买产品的金额，也就是顾客在企业中形成的消费额。客户消费额这一指标在企业销售能力分析中是非常重要的，因为客户购买的频率是一方面，但是如果他一次性购买一个大额产品的话，那么就能对企业贡献非常大的销售额，因此企业都希望客户能够在购买的过程中为企业贡献更大的消费额。如果研究的是互联网产品的话，也可以以客户在线时长来表示客户的一次性消费额。客户一次性在线的时间越长，就说明客户对软件和服务的满意度越高。

根据这三个指标的分析结果，综合起来就形成了 RFM 模型的分析结果。如果用这种方式来对客户个人的行为进行分析，就可以分解出每个具体客户不同的消费状态和消费心理。如果用这个指标对企业客户中的某一部分群体进行分析，就可以分析出这部分客户在企业产品消费特征方面的画像，看看他们具体有哪些特点，比如说这类客户群体的生命周期、消费额度以及活跃程度等。

企业可以使用 RFM 模型指标对客户群体进行详细的分类，针对不同类型的客户群体所表现出来的消费特征、消费频率以及消费能力，制定有针对性的销售策略。在这三个指标中，以消费价值作标准是最为重要的，因为它们对于企业销售额可以起到最为直接的作用。比如说企业可以直接去研究高价值客户在购买企业产品中表现出的行为特征以及行动模式，帮助企业更快地锁定有潜力成为高价值客户的人群，与这些客户群体建立良好的关系，以此来提升企业的销售额，增加企业的经营利润。

这就是企业 RFM 客户分层模型的应用方法。企业可以通过这种模式来进行客户种类的进一步分层，再结合之前介绍的客户分类方法，帮助企业对客户群体进行更为精准的定位，制定有针对性的销售策略，以此来实现精准化、个性化的营销，提升客户对产品的满意度，增加企业客户群体购买其产品的意愿，从而提升企业的销售额，增加企业的盈利能力和在行业中的竞争力。

第三节　客户生命周期管理

在企业经营中，大家对客户生命周期这个词语可能并不陌生，在各种文章中也经常可以看到这样一个词语，但到底什么才是客户生命周期的准确定义，以及进行客户生命周期管理带来的好处，如何进行客户生命周期管理，这些都不是特别的明确。本节就来对客户生命周期原理进行详细的讲解。

一、什么是客户生命周期

首先对客户生命周期这个词下一个定义。所谓客户生命周期，其实就是指客户第一次接触到企业产品，到最终离开这款产品的全过程。每一个客户的生命周期都是不一样的，可能有的客户刚刚接触产品，使用了两三个月就不喜欢了，那他的生命周期就只有两三个月。但也有客户对产品非常认可，可能他会在未来很多年都是企业产品的忠实客户，那么这个客户的生命周期就比较长。每一个客户在使用企业产品的生命周期中，都会给企业带来一定的价值收入，在这个过程中，每一个客户给企业带来的商业收入的总和，就是这个客户给企业带来的生命周期价值。

二、为什么要进行客户生命周期管理

下面再说说企业为什么要进行客户生命周期管理。其实通过生命周期的定义就可以认识到，每一个客户的生命周期长短和他们能够为企业带来的产品生命周期价值之间有一定的关联。一般来说，这个客户的生命周期越长，他就能给企业带来越多的产品生命周期价值，因为他们在这段时间里可能会购买企业更多的产品，因此企业希望自己的客户有更长的生命周期，这样可以给他们带来更多的经营利润。

说到客户的生命周期，还需要提到另外一个概念，叫作产品生命周期，这两个概念相互作用，对于企业盈利能力能够起到非常明显的影响。什么是产品的生命周期？就是产品从上架到下架的这个过程。产品在市场上存续的时间，对于客户生命周期来说也是有影响的，因为客户的生命周期不能长过产品的生

命周期，只能小于或等于产品的生命周期。如果企业能够在保证产品质量的基础上延长产品的生命周期，那么就有可能在一定程度上延长客户的生命周期，也就是提升了企业的盈利能力。

一般来说，企业要尽可能提升一款产品所能带来的盈利价值，有两个主要的方向可以选择，第一个就是为这款产品不断引入更多的新增客户。每一个新增客户都会形成自己的生命周期，那么在他们的生命周期里，就可以为企业带来更多的产品销售价值。另外一个方式就是，如果不扩张客户数量的话，就要深挖每一个客户为企业提供的价值数量，这样也可以实现产品盈利的增长。

如果是一些已经发展了一段时间的企业，他们很可能面临这样一个问题，就是产品客户数量即将定型，引入新的客户已经不像过去那么容易了。也就是说，从增量竞争变成了市场的存量竞争，而且每次引入新客户，企业可能都要花费更高的成本，这样企业就会发现自己的拓客空间非常有限，这时他们很可能就会选择第二种方式来提升每一个客户在产品上面花费的价值。这也就是企业进行客户生命周期管理的重要意义。

企业需要重视客户生命周期，也就是客户与产品之间关系的管理。企业可以把一个客户的生命周期划分成体验期、成长期、成熟期、衰退期和流失期这几个阶段。当然，可能企业的很多客户不会完全经过这几个周期，有可能大多数客户在产品的体验期和成长期就已经流失掉了。但是，企业进行客户生命周期管理，就是要尽可能延长客户在产品上的生命周期。因为如果客户能够在产品上留存更多的时间，那么就可以为企业贡献更多的商业价值量。

反映在客户生命周期管理的具体措施上，其实就是企业事先已经知道客户必然在一个阶段流失，但是通过企业主动介入客户与产品之间相互联系的一些关键节点和关键场景，对客户体验进行干预，提升客户的体验，减少客户对产品不满意的体验，这样就可以尽量延长客户使用产品的生命周期，从而实现产品价值的最大化提升。

三、如何有效防止客户流失

下面来说说在客户生命周期模型中，可以防止客户流失的几种主要的手段。

1. 客户流失预警模型

第一个就是建立客户流失预警模型。具体来说，就是企业通过分析客户行为特征，总结出客户成为预流失客户或者流失期客户的主要行为特点，通过这个模型来识别哪些客户有可能成为预流失客户或者正处于流失过程中。比如说活跃客户突然变得不活跃了，购买行为的频率降低了，购买产品的价值降低了等，这些都可能是客户流失的一些征兆。

当企业通过流失预警模型识别到了这些可能出现问题的客户，那么就可以在一个时间段内，比如说一周或者两周之内对客户制定针对性的销售策略，对客户的行为进行干预。比如说提供一些产品折扣之类的措施来挽留客户，提升客户的支付频率和支付价值，挽留那些即将流失的客户。

2. 客户需求分析

第二个手段就是根据客户的行为来分析和定位客户的实际需求。在前面的内容中，提到客户的实际需求才是企业进行产品定位的核心和基础，只有满足客户真实需求的产品，才能从真正意义上得到客户的认可。如果企业想要有效拦截这些可能流失的客户，最好的办法就是对他们潜在的价值需求进行深入的挖掘，然后通过企业的产品、服务和销售策略去满足客户的实际需求，从而赢得客户对产品和企业的认可和好感，让他们有更长的客户周期，为企业创造价值。

比如说，可以针对客户的价值偏好来对客户进行分类，为他们提供有针对性的产品和服务方案。有一些客户是价值敏感型的客户，还有一些客户是质量敏感型或服务敏感型，可见客户对于企业销售产品过程中一些特征的关注点是不同的。如果企业可以通过调查或访问等方式深入挖掘客户的深层次需求，那么就可以针对客户的价值需求制定客户回流策略，吸引那些即将离去的客户重新回到产品的生命周期内，为企业创造更多的价值。

第四节　微型分割与柔性满足

本节讲一下关于客户分割的问题。所谓客户分割，就是在企业的客户市场中，把客户或者是企业的潜在客户群体分成不同的组别，也可以说是分成不同的部分，在这些不同的部分中，每一部分客户在需求方面都会有一定的共同点，这些共同点又可以通过企业构建的有针对性的销售组合来满足客户的需求，这就是客户分割的概念。

第九章 黑模式5：客户价值的精细化满足

那么，企业为什么要进行客户市场的分割呢？第一，企业可以对自己的客户市场进行更加精准的定义和更加深入的分析。首先企业要明白自己处于什么样的行业之中，企业对自身的定位又是什么样的行业类型，这对于企业制定经营发展战略是非常重要的。只有明确了发展目标，才能制定细节化的销售战略、经营战略。

那么，在进行客户分割的过程中，主要目标就是在有潜力的客户市场把更多的产品资源和销售资源分配到这里，然后实现企业提高销量、提高经营效益的目的。其核心就是要让企业的资源集中为这些更有发展潜力的客户市场服务。

本节所说的微型分割就是对客户市场进行更加详细的区分。柔性服务指的就是根据市场的变化程度灵活地制定销售战略，这是客户分割理论进阶化的实际操作方式。

具体如何来进行客户市场的微型分割呢？可以按照不同的标准来对客户市场进行划分。比如说可以按客户的类型进行分割，或者根据产品的细分种类进行分割，也可以从销售额的角度来对不同的客户进行分割。这主要是根据客户特点进行分割，本章前两节讲述过相关内容。另外，还可以根据客户所处的地理位置来划分，比如说国内的客户群体，国外的客户群体，还可以具体到北方客户、南方客户或者是某一个省份内的客户，甚至是某一个街道、某一个街区的客户，都可以作为客户微型划分的根据。如果把客户划分做得更加细致，更加详细，那么针对这部分客户群体制定的销售战略也就更加有效，这就是进行客户市场微型分割的意义。

接下来讲解一下进行客户微型分割的具体步骤。

第一步，企业需要认识到自己进行微型客户分割的基础，也就是标准是什么。首先一定要明确这个标准才能进行后续的步骤，比如说企业更加看重客户为企业带来销量的能力，那么就可以根据客户销售额的大小来进行微型分割，或者是企业更加重视客户体验方面的问题，那么就可以根据客户的心理或者客户的实际需求来进行分割。比如说，追求产品质量的客户群体，追求产品性价比的客户群体，追求产品方便使用等特性的客户群体，也可以进行这种类型的分割。总而言之，企业需要根据自身生产的产品特点来确定微型客户市场分割的标准。

第二步，就是对已经获得的客户群体进行精准的分析，即以确定的分割市场的标准为核心来进行分析，也就是深入研究客户的特点，或者他们的需求，或者他们在产品购买中表现出来的一些特性，将具有相同特性的客户划分到一个群体里面。之所以要这样做，是因为企业向客户销售产品，其实就是针对客户的实际需求为他们提供解决方案。基于他们的需要，才能有针对性地制定企业的销售策略，有效提高企业的销售能力和销售盈利，因此，这两个步骤是不可缺少的，也是后面所有步骤的一个基础。

接下来是进行客户市场分割的第三个步骤，就是对产品市场潜力进行全方位的预测，也就是根据过去产品销售记录来分析未来产品在市场上的需求情况，是继续扩大需求还是对产品进行某些方面的改进，或者是产品需要配合某些销售策略才能提高在市场上受欢迎的程度等。根据未来产品在市场上的销售潜力，再结合客户的实际需求，可以帮助企业更有针对性地进行客户市场的微型分割，让产品不一样的特点匹配客户不一样的需求。

客户微型分割的最后步骤就是对市场分割进行深入的分析，识别不一样的市场所具有的核心特征，然后估算哪一个市场可能成为产品未来重点发展的主要市场和目标市场。针对这些重点市场以及重点市场对应的客户群体的需求，对产品销售策略进行针对性的设计，或者对于产品自身的特点进行针对性的改造和提升，以此来提升产品在这些重点市场以及重点客户中的吸引力，提升产品在同行业产品中的竞争力。

上述四个步骤，就是企业在经营中对客户和市场进行微型分割以及柔性满足的主要思路。所谓微型分割和柔性满足，实际上就是要求企业对客户、市场、产品这三者进行深入彻底的分析，归纳出它们的不同特点，具有相似特点的客户和市场就分到同一个类型。再结合产品的特点，对于这些不同的客户群体和市场板块制定有针对性的销售策略，用一种柔性的方式让他们感受到自己的需求确实可以被企业产品满足，从而提升产品对他们的吸引力，这样产品的销量就能得到有效提升，对于企业的经营能力和盈利能力也可以起到很大的提升作用。

第五节 权力转移与重新定位

下面来说一说关于企业和消费者之间的权利转移和企业重新定位的问题。在新的市场经济时代，消费者可以选择的产品种类和数量比过去更丰富，同一行业中的企业数量也快速增加，企业之间的竞争变得十分激烈。现在已经从过去的卖方市场逐步转移成为买方市场，也就是说，消费者掌握着更大的权利去选择是否购买企业的产品。毕竟，如果他们不从这家企业购买产品，还有很多企业可以供他们选择。人们完全可以在众多企业中选择最符合自己实际需求的产品和服务，这就是企业与消费者之间的权利转移。

现在很多企业和品牌都认识到，市场上存在这种卖方市场转变为买方市场的情况。为了提升品牌在市场上的竞争能力，他们也纷纷开始对企业和品牌进行重新定位。其实，企业和品牌进行重新定位的核心就是不断进行产品创新，因为创新才是企业经营活力的源泉。通过创新，可以实现企业产品的科学化、现代化和标准化，同时有效提升企业在同行业中的竞争能力，提升顾客对产品的认可程度，从而提升企业的盈利能力。

如果企业决定重新定位品牌，首先需要明确的就是自己进行重新定位的原因，比如说发现自己企业在经营过程中出现了销售量下降，客户群体数量减少，产品利润降低等问题，或者是在行业技术持续突破的过程中，企业产品技术逐步落后等问题。当出现这些问题后，可以更有针对性地进行企业重新定位。企业的重新定位可以分成四个阶段。

一、分析企业状态

首先，企业进行重新定位的第一个阶段就是对企业品牌状态进行分析。这个过程是企业重新审视自身的过程，尤其是对一些企业发展中关键问题的分析，比如说企业在当前发展阶段面临的机遇和挑战是什么？通过对企业自身情况进行分析，可以让企业的高层管理者对企业当前的发展情况有一个更加清楚的认识，这样可以帮助企业在重新定位的过程中确定更加适合自身发展的方向，以及对自己进行更恰当的市场定位。

在这个过程中，企业还可以进行品牌和企业发展历史的回顾。具体来说，企业可以对当前的定位和过去的定位之间的发展进化过程进行梳理，尤其是品牌对于消费者的意义。企业可以回顾自身通过何种方式在激烈的市场竞争中取得一席之地，企业在过去发展过程中最重要的动力源泉是什么，过去在产品营销过程中是如何传达企业信息的……这些企业自身的情况对于明确企业新的定位具有十分重要的参考和借鉴意义，因为企业即便是重新定位，也是在过去发展的基础上进行的。因此，对企业当下和过去的发展历程进行梳理是十分必要的一个阶段。

在进行企业状况分析的过程中，还有一个重点，就是对企业的客户进行分析，比如说当前企业的目标客户群体都有哪些？这些客户的具体信息是什么？他们具有怎样的共同特征？他们为什么要购买其他产品以及购买企业的产品？他们通过哪些渠道来解决哪些问题？等等。通过分析，可以对品牌当前的购物群具有更加深入的了解。同时，对企业的销售方式进行重新梳理和整合，在这个分析过程中，企业可以发现自身产品在销售方面面临着哪些制约因素和影响因素，这是进行企业重新定位十分重要的基础。

二、分析市场定位

从下面开始，企业的重新定位可以进入第二个阶段。第二个阶段就是分析企业当前在市场中的定位，因为只有明确了企业定位，才能对企业未来的定位进行重新规划。那么，企业在市场中的定位具体包括哪些内容呢？

首先，需要明确企业在消费者心目中的定位，也就是消费者对于品牌的看法和认知。企业可以通过客户调研等方式来分析自身在购物群体中的印象、定位、特点等，这是企业未来展开重新定位的一个关键的立足点。与此同时，企业还需要对当前行业中的市场竞争格局进行深入分析，帮助明确企业当前在市场中的定位，企业在产品中具有哪些长处，有哪些短板，还有哪些方面是企业未来经营中重要的增长机会。在分析中，企业需要结合客户的消费观念以及客户对企业的认知，还有品牌在未来市场中的定位来进行整合工作。这是为了强化客户和产品之间的联系，让他们成为企业的忠实支持者，让他们完成产品的复购，提升企业的销售盈利。

在第二个阶段中，企业基本上已经可以明确自身在产品塑造中能够满足客户的哪些核心需求，以及在满足客户需求方面还有哪些不足之处。这些不足之处往往就是企业未来产品定位的核心。此外，企业还可以发现自身在行业市场中有哪些优势和劣势，以及未来品牌增长需要明确的方向等。

企业进行重新定位，实际上就是为自己的主要客户群体重新设立一个品牌价值的尺度，让客户从品牌定位中获得一些参考，让他们认识到企业可以为他们提供哪些服务，提供哪些产品优惠，解决他们哪些问题。这种直观的定位，也可以直接提升客户对品牌的认知程度和认可程度，为企业日后的发展创造更多的商业机会，让自己的产品能够更多地满足客户的实际需求，提升品牌在客户心目中的价值，增加企业的销售能力和盈利能力。

第六节　4S店为何总有那么多选配

有过购买汽车经历的人，对于汽车4S店的选配应该并不陌生。现在汽车的选配市场已经非常丰富，一款汽车可能有多达几十种不同的选配供消费者选择，很多消费者也觉得在购买汽车时看选配看得眼花缭乱。不一样的选配对应着不一样的档次，在高档、中档、低档都可以选择到自己需要的汽车配置，比如说真皮座椅、导航系统，还有汽车的电动天窗等，都是4S店可以提供给消费者的汽车选配选项。但是如何组合，也让很多消费者伤透了脑筋。一方面优秀的选配价格太高，中档的选配又有些不尽如人意，如果全部选择低配，对于一些追求品质的消费者来说，好像又不太甘心。

总而言之，汽车的选配对于爱车一族来说，是一个关注度很高的话题。下面来看一看，为什么汽车4S店要推出这么多种选配供消费者选择？他们为什么不愿意只推出一种标准化的产品呢？

汽车4S店给消费者提供多种汽车选配的选择，实际上就是对客户的一种精细化的分层和提供分类服务的方式。每一位前来购车的客户，对于汽车的实际需求往往都是不同的。有一些顾客的消费能力比较强，他们更加看重汽车的品质，他们希望自己在驾驶汽车的时候，除了可以实现驾驶、出行等最基本的功能，还可以让他们拥有舒适的驾驶体验，那么他们可能就会选择一些比较高档的汽车配置。对另外一些消费者来说，他们选购一款汽车，可能只是为了追求他们的驾驶功能，对于汽车里面的配置或者外在的一些装饰并不十分在意，他们也不愿意为了这些额外的选配多花费自己的金钱，那么他们可能就会选择一款低配的汽车。

总体来说，不同的消费群体对于汽车选购的需求都是不一样的，4S店为了满足不一样的购买群体对购买汽车的需求，就需要推出多种选配供顾客自己来挑选，这样具有不同消费需求的顾客都可以在4S店选择到自己需要的汽车配件，门店也可以提升客户对产品和服务满意的程度。

其实如果从汽车4S店的角度出发来分析这个问题，就十分容易理解了。前来汽车4S店购买汽车的顾客，他们往往具有不一样的购车需求。那么，如果希望从不同层次的顾客身上获取更大的利润，他们需要做的就是对这些顾客进行分层，就像本章前面所说的那样，对于客户不同的消费能力、消费习惯、消费需求进行不同分组，然后针对不一样层次的顾客提供不一样的产品和服务，分别满足他们的消费需求，并且最大限度地让他们为品牌产品贡献更多的销售价值。

针对高端客户，也就是具有高消费能力的客户，往往需要更加豪华的配置，更多的配置选项。为了满足这部分顾客的需求，4S店就需要提供更多的选择，还有更高质量、更高档次的选配来供他们选择，以满足他们的实际消费需求。而针对汽车基本功能之外，不太需要额外选配的顾客，如果在汽车上装配他们不需要的选配配件，那么他们就有可能放弃这款汽车，转而去选择其他品牌的汽车或者其他的汽车型号，这样对于4S店来说无异于流失了这部分客户。

4S店为了满足各个层次客户的需求，就需要推出一个基础的车型，然后根据客户自己的需求来给汽车加上需要的选配，让各个层次的客户都可以在购买汽车的过程中找到自己满意的产品品质以及自己满意的产品价格，这就是汽车4S店为什么要设置多种产品选配档次和种类的原因，这样可以提升不同客户群体对产品的满意程度，更大程度地提升汽车的销售收入。

其实不仅仅在汽车4S店有让顾客自己选择产品配置的情况，在生活中也会发现企业会提供很多产品供顾客自行选择。比如说购买电子产品，如智能手表、电脑之类的产品时，企业也会推出多种不一样的产品配置档次供消费者选择。比如手机内存有128 GB、256GB，还有512 GB，它们的价格也各不相同，那么消费者就可以根据自身的需求以及自身的消费能力来选购适合自己的手机。

对于客户来说，他们选购到了自己真正需要的产品，支付了自己认为满意的价格，企业则成功地服务了各个不同的客户，让他们的消费需求都得到了满足，为自己赚取了更多的销售利润。这就是企业对客户进行分层并提供相应产品和服务的原因。大家可以看到，在真实的市场环境中，这种销售策略取得了良好的效果，可以有效地提升客户满意度以及企业的销售能力。

第十章　黑模式6：从组织管理降成本

降本增效是很多企业在经营管理中绕不开的问题，管理者们普遍认为，节约企业的经营管理成本可以让企业的经营效果得到提升。本章就来讲一讲企业如何提升管理效果，通过优化组织管理的方式来降低企业管理的成本。

第一节　总成本领先才是优势

无论在企业经营中是否适合选择成本领先战略，成本领先都一定是企业进行成本管理必须坚持的观念和基本策略。

一、成本领先的基本概念

所谓成本领先，是一种企业竞争战略，即企业通过有效途径降低经营管理中的成本，使企业的全部成本低于竞争对手，甚至让企业拥有在同行业中最低的成本，从而稳稳占据行业竞争的优势。具体来说，总成本领先战略有以下两个要点。

一是企业实施成本领先战略时，如果能保证企业产品在性能、质量和其他竞争对手差别不大，该战略会更加有效。二是企业在发展的不同生命周期中，采用的战略可能会有一定的侧重性调整，企业即便一直以成本领先作为发展和竞争的重点，也不能忽视对产品差异化等其他重要战略的追求，否则就会让企业在长期的发展中慢慢处于劣势。

企业的成本领先战略不能让其他的重要战略让步，不能舍弃企业的差异化战略和目标聚集战略等关键战略。所谓的企业总成本降低，一定要在保证产品质量标准和时间进度的前提下进行，否则在市场竞争中是没有意义的。

二、总成本领先的管理思想

1. 为什么贯彻总成本领先的思想

企业在竞争中保持优势的思想,是形成总成本领先战略的直接动因。不论企业在实际经营中采取何种竞争战略,都会把成本问题作为企业战略制定、选择和实施过程中首先考虑的重点问题。企业把在生产经营中赢得成本优势和竞争优势作为企业战略管理的重要内容,这是企业采用总成本领先战略的动因。

2. 节约思想是动力

节约思想是企业实施总成本领先战略的动力。在企业经营的各个环节中坚持节约,可以用相同的资源创造更大的价值,或者可以延长企业核心资源的使用时间,达到节约的目的。在市场经济的实际环境中,节约不仅是企业持续追求的,对于消费者来说也是乐于接受的,因为消费者期望自己可以购买到同等质量下价格最低的产品。正是这种节约思想,形成了企业实施成本领先战略的根本动力。

3. 全员思想是基础

全员参与企业总成本领先的思想是实施这一战略的基础。在影响企业总成本的各个因素中,人的因素影响作用最大。企业员工的素质、技能、成本意识和他们在工作中降低成本的主动性,都会对企业的成本控制带来十分重要的影响。企业如果想实施成本控制战略,必须要全员参与,而且在调动全员的工作中,也需要时刻注意节约成本的问题,这是企业实施总成本领先战略的基础。

第二节 员工时间分配与企业利润

尽管现在越来越多的企业开始推崇不打卡的弹性工作制,主张以结果导向确定员工业绩,但本质上企业付酬购买的还是员工的有效工作时间。如此一来,企业员工的时间利用效率关乎企业的成本与利润。

首先,在流程管理上要尽力避免员工浪费时间。譬如公司的无线网络,一般设备默认的无线网络名称与无线网络密码都比较复杂,有的人会主动设置,

第十章 黑模式6：从组织管理降成本

有的人则一直用默认设置。两种情况对比，如果是家庭使用场景，对比并不明显，毕竟连上之后就可以用，访客一般情况下也没什么变化。但如果是公司场景，总会有新员工、新访客到来，如果公司不把无线网络的名称与密码设置得易识别、易输入，那么员工就要不断地教新访客怎么连无线网络，这都是公司付酬购买的员工工作时间，白白浪费在这些完全不产生附带收益的事情上，岂不可惜？

当然，无线网络名称与密码的设置只是非常小的一个点，重要的还是公司要尽可能将重复性劳动简单化，进而让员工将有效时间放在工作而非琐事上。如报销费用贴发票，一些公司会有怎样贴发票才符合要求、不符合要求没贴齐就退回来重新申请的规定，很多时候不仅浪费时间，员工还容易生一肚子怨气。若能升级一下电子发票系统，效率就会提高很多。

其次，实现人力资源产出最大化。很多工作都是协作完成的，不同环节由不同的人负责，就会出现"一个高薪酬员工领头＋数个低薪酬员工协作"的状况，高薪酬员工负责难点部分，低薪酬员工负责程序性工作。此时就考验人力资源部门的功力了，在顺利完成工作的前提下，如何配比人力资源，直接影响公司的成本支出。

假设高级员工薪酬为100万元，中级员工薪酬为50万元，初级员工薪酬为25万元，当一个项目需要"一名高级员工＋一名中级员工＋两名初级员工"的组合时，企业付出的成本为$100+50+(2\times25)=200$万元；此时若能将工作环节进行分拆，高级员工只负责难点部分，因单个项目花费时间减少，进而可以同时负责多个项目，项目中较简单的程序性工作则多交给初级员工来做，便可以帮助企业降低成本。假设一个高级员工可以同时负责4个项目，一个中级员工可以同时负责2个项目，每个项目再多分配2名初级员工，此时公司的成本支出为$(100\div4)+(50\div2)+(25\times4)=150$万元，降本增效的效果十分明显，还给了初级员工们更多的成长机会。

最后，以部门整体要求提升团队单位时间产出。虽然人力资源配比合理化有助于公司降本增效，但人都有懒惰的一面，忙起来后难免倾向于多招聘员工，让自己减轻压力，进而滑向低人效，此时可以通过部门整体要求进行"倒逼"。最常见的方式是要求完成关键绩效指标的同时，对部门锁HC（headcount，部门员工总数）。为了完成关键绩效指标，员工可有出有进，但总人数不变，推动团队自行开展人员优化、效率优化等动作。

第三节　组织能力转移

随着现代市场经济的发展，很多企业在经营过程中发现自己经营运转的成本持续提高，但是效率没有相应地提高，这个时候就需要企业对自身的核心能力进行调整和转移。企业核心能力转移，主要是通过投入一定的资金和资源进行技术创新以及管理模式创新，最终企业能够低成本高效率地运营，提升企业的盈利能力和在市场中的竞争能力，这是企业组织能力转移的原因和目的。

企业组织能力的转移主要通过三个方面来实现，下面就来一一进行解释说明，见图10-1。

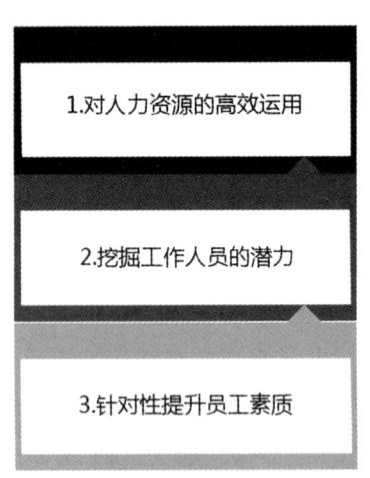

```
1.对人力资源的高效运用
2.挖掘工作人员的潜力
3.针对性提升员工素质
```

图10-1　企业组织能力转移的三个要点

第一条就是通过对组织内部人力资源高效合理的运用，也就是对企业能够调动的员工和技术专家等进行合理的使用，让他们到最合适的岗位做自己最擅长的工作，积极参与到企业产品和服务的开发创新中去。

第二条就是最大限度地挖掘企业内部人员的积极性和工作潜力。比如说企业可以通过薪酬绩效激励的模式来提升员工工作的积极性以及进行创新的积极性。另外一方面，企业还需要注意及时对企业的管理人员和领导人员实行更替和任免，让更有能力的人带领企业以更快的速度向前发展，提升企业内部组织运转的效率。

第三条就是企业需要有针对性地提高员工的素质，因为人才是企业经营的根本。如果企业员工的素质能够得到提高，那么企业整体的工作能力和工作效率都能够得到根本性提高，从而提升企业在行业中的竞争力。

具体来说，企业可以设置一些绩效考核的方式来激发员工的工作热情。另外，还要对员工组织定期培训。很多大型企业对于员工的培训和成长都是非常注重的，因为他们更关心员工未来的长期发展。当员工的能力得到长期持续的提升，他们的工作能力也会水涨船高，那么就可以有效提升企业整体的生产运营效率，降低人力成本，提高工作效率，从而提高企业的经营效率。上述三条就是企业组织能力转移的核心要点。

第四节 组织管理与组织创新效率

企业组织是在动态发展过程当中不断变化的，因为市场竞争正在变得越来越激烈。如果企业想要在市场上获得更大的发展空间，就需要经常进行组织结构调整，让企业能够适应新的竞争环境。另外，通过企业的组织管理和组织创新，能够发挥企业在创造能力方面的潜力，提升企业的管理效率、产品生产和研发能力，让企业的竞争能力得到不断提高。本节就来说一说关于企业组织与组织创新方面的知识。

一、企业组织创新的原因

第一点，先来解释一下企业为什么要不断地进行创新。自20世纪以来，科学技术的发展得到了突破性的提高，这就让现代企业经营在组织规模、产品结构、技术手段、经营环境以及员工素质等方面都发生了十分显著的变化。如果企业一直采用传统的经营管理模式，那么很难适应现代企业发展的节奏。

现在人的因素在企业管理中发挥着越来越重要的作用。过去一些企业重视的是对企业产品的管理，但是现在，需要把企业经营管理的重点放在人的身上，人才是企业经营的核心。

现代企业还有常见的企业经营权和管理权分离的问题。因为现在企业发展的趋势就是管理层次变得越来越少，而管理层次之间的关系变得越来越密切，这让企业在经营管理中可以更好地传递指令信息，增加企业的经营管理效率。当前企业面临的环境是十分复杂多变的，而且市场竞争十分激烈，因此企业急需通过改变自身的应变能力，发挥员工工作的积极性和创造性，让企业管理在硬件方面和人才方面都得到重视和提高，建设属于企业自身的企业文化。

企业进行组织模式创新，就是为了适应当前的市场经济环境和体系，发挥企业的创造性，提升企业的经营能力、销售能力，最终实现企业盈利的目的。

二、通过组织创新保持企业的竞争优势

当前世界已经进入了知识经济的时代，这个时代的主要特征就是顾客的需求变得越来越个性化，而且市场已经从卖方市场变成了买方市场，顾客在购买商品和服务的时候往往面临着很多选择，因此企业需要尽自己最大的努力去争取客户的青睐。如果想要赢得市场和客户的认可，最根本的就是提供让顾客满意的产品和服务，增加客户的复购率，让每一个顾客都愿意为企业付出更多的价值，提升企业的盈利能力和市场占有率，让企业的竞争能力得到提升。

为了实现这一目的，企业就需要通过现代化的市场管理模式来提升企业的组织能力和生产能力，通过创新提高企业产品和服务的质量。尤其是在当下，互联网技术和信息技术都在快速发展，企业在信息生产、技术运用等方面的能力，对于企业产品的研发和制造都是十分重要的。

因此，企业在现代市场的经营中需要进行高质量的创新，这样才能让企业保持高速发展。如果企业不重视创新，那么在整个市场发展速度越来越快的背景下，企业可能很快就会被其他竞争对手超越，这是企业组织能力必须不断创新的重要原因。如果企业具有先进的组织结构，就能够在产品生产、制造、研发、销售等各个方面走在市场的前列，保持自己在市场中的领先地位和竞争优势，让企业内部员工的能力，还有企业资源优势都得到充分的发挥，转化成为生产和销售的优势。

第五节　数字化能力与企业降本增效

大家都知道，在今天的市场环境下，企业赚钱的难度越来越大，原因一方面是企业的竞争对手数量持续增加，另一方面也是因为当前的市场已经不再是增量市场，而是越来越趋近于一个存量市场，也就是各行各业的新客户数量持续减少，行业中越来越多的企业争夺同一个有限的市场。毫无疑问，企业的经营难度也在持续增大。从中也可以看到，市场上的很多企业都在进行降本增效的操作，但不一定都是有用的。本节就来讲一讲如何通过数字化来提升企业降本增效的效果。

很多企业喜欢采用"简单粗暴"的方式来降本，例如要求员工尽可能少开空调，尽可能压缩员工福利，尽可能缩减企业的采购成本，尽可能砍掉那些不能带来直接收入的服务部门等。看上去企业是减掉了一部分开支，但是这些开支并不是可有可无的，一旦被砍掉，一定会给企业带来一系列的后果。但是这些后果往往是比较隐蔽的，不容易引起企业的管理层人员重视。如果企业大幅度降低员工福利，那么一定会激起员工的不满情绪，降低员工的工作效率，甚至导致员工离职的情况发生。企业节约了一部分开支，换来这样的结果，是否真的值得呢？如果企业盲目降低采购成本，那么很可能导致产品质量下滑，甚至造成一部分客户流失和品牌信誉危机。

所以说，这些所谓降本增效的方式实际上是"治标不治本"，看起来是降低了成本，但同时效率没有了，能通过这些企业行为实现降本增效的目的吗？这些方式不仅没有提升企业的经营效率，从长期来看还会给企业带来消极的影响和损害，是一种得不偿失的行为，不建议企业采用这些方式。下面就来介绍如何通过提升企业数字化能力来实现企业真正意义上的降本增效。

一、企业数字化降本增效的目的

在现代商业管理中，企业所有管理行为的目的都是为了实现企业降本增效，企业进行数字化降本增效的目的也是如此。此外，在企业的数字化管理中，还有另外三大目的：一是要实现企业管理成本大幅度降低；二是要实现企业效率大幅度提升；三是要实现企业管理体系大幅度更新。

二、企业数字化降本的针对方向

企业通过数字化技术来实现降本增效的目的，这种方式创新的目的，或者说需要解决的问题，主要体现在三个方面，见图10-2。

图10-2 企业数字化降本主要针对的三个方向

1. 降低沟通成本

如果企业管理中存在沟通不到位的情况，那么就会导致信息差的问题发生。如果这一问题不能得到及时处理，会导致企业团队目标不明确，执行效果不到位等一系列问题。比如，领导以为员工理解的问题，员工可能并不理解，双方都不知道这一问题存在，往往就会导致企业的任务执行出现问题，让企业管理产生更多的内耗，这就提高了企业管理和经营方面的成本。

2. 降低决策成本

企业的决策不能随意制定，事先一定要做好可行性分析，一定要有数据分析结果的支撑，这样才能让企业决策发挥出最好的效果。如果企业的决策出现问题，频频修改，那么企业的决策成本毫无疑问就会上升，给企业带来更大的负担。

3. 降低试错成本

企业发展往往需要开发新的业务，这一过程中就会产生一定的试错成本。比如说企业在开展新业务的时候，不对员工进行系统化的培训和指导，可以肯定一开始就无法取得良好的效果,最后还需要花很多时间成本去弥补这一损失。但是,在企业的经营过程中,有时候失去一次机会就不会再有重来的机会,企业的试错成本还是十分高昂的。

三、企业数字化增效的方向

刚刚所说的降本,只是实现目的的过程,最终目的是增效,也就是提高企业在经营和管理方面的效率。企业数字化增效可以提升如下三方面的效率。

1. 提高办公效率

数字化升级可以有效提升企业员工的办公效率。尽管现代企业经营中已经有了很多数字化软件提供辅助,但是在很多企业中,数字化应用的深度还是有很大的开发空间。企业可以通过使用数字化的管理软件,实现文件的远程在线批复、无纸化办公以及面对面在线会议等,让企业的办公效率得到进一步提升。

2. 提高内部协作效率

经历过传统办公方式的人一定深有感触,在企业中进行工作协调的最大成本之一就是沟通成本,这一过程往往会消耗员工大量的时间和精力,对于办公效率的提升形成了很大的阻碍。在数字化管理软件的帮助下,员工可以将信息完整、及时地进行共享,减少企业沟通中信息传递逐级递减的问题,同时大幅度提高沟通的速度。在员工处理企业内部业务的流程中,应用数字化系统可以让员工之间的协作效率得到大幅度提升,即便是跨组织、跨地域之间的工作沟通,也可以通过标准项目流程,让团队成员合理、高效地进行团队合作,确保企业的经营目标快速达成。

3. 提升运营周转效率

企业系统的运营周转靠的是企业内部各个业务线和各员工之间的合作。数字化系统的加入,可以让每个岗位的效率都得到提升,让每条业务线之间的协作效率得到提升,最终让企业整体的运营周转效率也得到有效的提高,提升企业的经营能力和盈利能力。

总体而言,企业降本增效需要进行综合的统筹规划和合理实施,这一工作可以长期提升企业内部的管理效率,产生长期经营效益。增效强调的是企业经营能力的提升，降本强调的是企业管理能力的提升，而最终目的还是要回到增效之上。在今天数字化改革浪潮的推动下，企业可以积极利用数字化管理工具来帮助提升自身在经营和管理方面的能力。

第六节　组织管理与美团在"千团大战"中的胜出

今天，外卖成为当下年轻人生活中不可缺少的一个组成部分，外卖行业中的美团更是无人不知。现在提到美团，很多人都说这是一家外卖平台，但实际上美团是做团购业务起家的，后来才在外卖行业中大放异彩。今天的美团业务不仅包括团购、外卖，还有本地生活中的很多业务板块，客户数量还在持续上升之中。

美团平台发展过程中使用的很多策略都非常值得现代企业学习，下面从组织管理策略的角度对美团的成长之路，从美团参与"千团大战"的胜出，来分析美团获得成功的秘诀。

所谓"千团大战"，大概时间是 2010 年到 2013 年期间。2010 年，团购模式突然爆火，这股风潮的起源地是美国，当时的 Groupon（美团团购网站）平台发展得如火如荼，估值约为 250 亿美元，这让国内的创业者们纷纷看到了新的发展机遇。美团创始人王兴十分擅长将国外的经营模式复制到国内，他曾经成功借鉴 Facebook（脸书，美国互联网公司）模式在国内成立了校内网。这一次王兴则发现了团购模式中的商机，因此成立了美团，这就是这家平台的起源。

一、团购模式的本质

团购是顺应电脑时代发展的产物，这种商业模式通过联合大量消费者提前表达购物需求并提供预付款，供应方就许诺让利给消费者，这样达到买卖双方互利双赢的目的。

最适合发展团购业务的，是那些需求随机性大，同时具有高积压风险的行业。对于人们生活中高频刚需的产品，其实并不太需要团购模式，因为消费者一定会定期购买刚需产品，这也就注定了团购模式在未来的发展中需要转型。

二、美团是如何在"千团大战"中胜出的

当时参与团购竞争的品牌很多，因此才出现了"千团大战"这个名词，从这里也可以想见当时的"战况"是十分惨烈的，因为绝大多数参与者都会面临淘汰出局的结果。当时的美团还默默无名，资金、技术等各方面的实力都不是最突出的，但是最终美团却成了优胜者。美团是如何做到的呢？

这得益于美团创始人王兴对于当时形势的正确判断，他认为本地服务跟商品团购是两种完全不同的商务模式。本地服务模式是淘宝和京东等电商巨头早就使用的，而团购则是鼓励消费者走出去，达到商家和消费者双赢的目的。在二者之中，美团选择后者作为自己发展的主要方向。

王兴根据规模效应和马太效应，对行业未来的发展方向进行了深入分析，他认为未来行业中的企业数量会从 7 家变为 2 家，最后变为一家独大的格局。而且他判断一年之后就可以看到行业发展的最终走向，这个判断对美团制定策略产生了十分重要的影响。

美团把自己的核心策略定位为短期进入行业前三，长期争夺行业第一的位置，企业的组织运营也是围绕这一目标来进行的。总体来说，美团的竞争策略就是追求"三高三低"，即在客户端追求低价格、高品质；在平台端追求低成本、高效率；在行业端追求低毛利、高科技，见图 10-3。

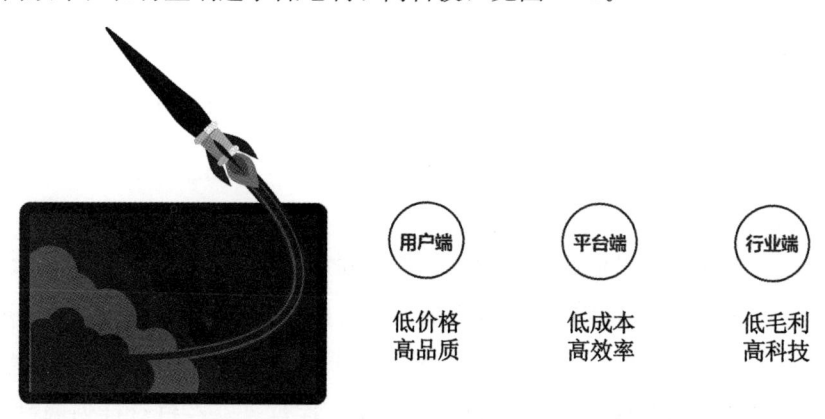

图 10-3　美团的"三高三低"发展目标

从这里可以看出，美团对于企业经营和组织运营中的价值观排序是十分明

确的，也就是消费者排在第一位，商家排在第二位，内部员工排在第三位，而股东排在第四位。美团为了保证可以给消费者更低的价格，在经营管理的过程中就要实现降本增效，美团选择的方式就是利用高科技手段来提升企业内部的运营效率。除此之外，美团在战略方面的正确决策也促成了美团在"千团大战"中的成功。

前面说过，团购模式是比较适合电脑端来进行操作的，但是美团的意识明显更加超前，提前上线了手机应用软件。这一决策让美团在互联网大潮中以更加惊人的速度快速发展，远远领先于同行，让企业的竞争优势持续变大。2013年，美团、大众点评和糯米网这三家团购平台已经坐稳了团购行业前三甲的位置。美团借移动互联网普及带来的第一波智能手机换机大流行，在移动端市场开发上投入了大量的资金，最终在血拼之下登上了团购行业第一的位置。

美团通过对自身销售体系和管理能力的升级，大幅度提升了工作人员的运营效率。大家可以发现，美团在组织运营的精细化程度方面比同行业品牌有很大的优势。这些组织管理经验也为后续美团进入外卖行业积累了足够的、必要的经验，这是在企业组织管理方面十分值得学习和借鉴的。

三、美团成功的深层次原因

美团的发展过程中，很多方面都得益于制定了正确的经营管理决策，这背后还有深层次的原因。如果企业能够学习到美团制定经营管理决策的深层次经验，就可以学到美团成功的精髓。美团制定的所有经营管理决策最终呈现出良好的结果，如果大家掌握了制定决策背后的本质，对于大多数企业的经营来说完全是真正可以复制的经验。

回顾美团的运营管理，可以发现其管理层人员十分注意管理的科学性，而且善于使用方法论来对企业进行规划，他们制定的经营方法都有据可循。通过挖掘行业的本质，结合经典的规模效应、马太效应以及科学的管理方式，解决了许多企业经营管理中的实际问题。美团在规划企业的发展目标时，一直秉持一种非常理性和科学的态度，具有行业的前瞻性目光。在执行计划的过程中，也会反复对计划的实施进行优化，这才是美团不论是在团购领域还是在外卖领域都能获得成功的深层次原因，可以说美团的成功不是一种偶然。

美团这种科学化的决策，则来源于自身强大的学习力。通过学习发展的战略思维，再配合强大的执行力，让美团把制定的正确策略成功落地。为什么说美团团队的学习力是十分强大的？因为美团做团购业务可以说是从零开始。当时很多人都认为美团没有做线下业务的基础，不看好这家企业。但是美团不急不躁，步步为营，通过对自身的持续优化迭代，从一个行业小白发展成了一个行业巨头。

在不同行业的企业经营中，美团的这种强大学习力能够对企业经营起到十分关键甚至是决定性的作用。只要企业能够踏踏实实，通过科学化的方法对自己的客户和所在的行业进行深入的研究、分析和学习，就能够制定更好的经营发展和组织管理决策，这才是从美团经营发展中学到的最宝贵的经验。